SIMONE FISCHER | WOLFGANG LINK

OSTSEE-KÜCHE

50 KÖSTLICHE REZEPTE AUS IHREM INSEL-PARADIES

mindful**books**

INHALT

VORWORT VON HOLGER AUFFARTH

LIEBE GÄSTE,

wir heißen Sie herzlich willkommen auf der wunderschönen Insel Rügen und wünschen Ihnen eine gelungene und unvergessliche Zeit bei uns! Vielleicht können wir mit unserem Buch über die Insel und die typische Küche Rügens ein wenig dazu beitragen.

Sie halten die zweite Edition unseres Kochbuches in den Händen, das nun aufgrund des überwältigenden Erfolgs der ersten Ausgabe in die zweite Runde geht. Hier finden Sie – von unseren Autoren speziell auf Sie zugeschnitten – jede Menge Wissenswertes, Ausflugs- und Einkaufstipps sowie eine Fülle köstlicher neuer Rezepte mit regionalem Bezug und Ostsee-Charakter. Wir sind davon überzeugt, dass diese Köstlichkeiten nicht nur Ihren Gaumen verwöhnen, sondern Ihnen auch ein Stück Rügen nach Hause bringen werden.

An dieser Stelle möchten wir uns von Herzen bei unseren zahlreichen Stammgästen bedanken, die uns regelmäßig besuchen und uns durch ihr positives Feedback und ihre Treue inspiriert haben. Es ist Ihr Enthusiasmus, der uns dazu motiviert, dieses Kochbuch regelmäßig neu aufzulegen und mit frischen Informationen und Rezeptideen zu füllen.

Neuen Leserinnen und Lesern möchten wir einen besonderen Willkommensgruß aussprechen. Wir hoffen, dass Sie mit jeder Seite, die Sie in diesem Buch entdecken, eine Prise Rügener Atmosphäre und die Leidenschaft für gutes Essen spüren können.

Wir wünschen Ihnen allen, neuen und wiederkehrenden Gästen, eine wunderbare Zeit auf der Sonneninsel und viel Freude beim Lesen, Nachkochen und Genießen der Rezepte.

Mit sonnigen Grüßen

Ihr Holger Auffarth
Geschäftsführer der Paradies Rügen Urlaubs-GmbH & Co. KG

VORWORT DER AUTOREN

LIEBE LESERINNEN UND LESER,

die wunderschöne Insel Rügen fasziniert nicht nur durch ihre einzigartigen Landschaften und Sehenswürdigkeiten, sondern auch durch ihre kulinarischen Genüsse, die Sie an jeder Ecke der Insel finden. Wenn Sie zum ersten Mal hier sind, werden Sie von der schieren Fülle an Köstlichkeiten begeistert sein, und wenn Sie Stammgast sind, haben Sie sicher die ein oder andere heißgeliebte Anlaufstelle, die Sie auch in diesem Urlaub wieder aufsuchen.

Egal, wo es Sie auf Rügen hinzieht, eines ist gewiss: Sie und Ihr Gaumen werden an unglaublich vielen Stellen mit wunderbar traditionellen Gerichten, regionalen Besonderheiten und auch mit modernen Ostsee-Speisen verwöhnt. Wir jedenfalls sind von der Inselküche immer wieder aufs Neue begeistert, und wie sehr wir die Rügener Küche lieben, zeigt sich in diesem Buch.

Unsere Hommage an die Trauminsel Rügen möchte Ihnen einen Streifzug über die Insel anbieten, in dem Sie die Besonderheiten dieses reizvollen Ortes kennenlernen und der Ihnen zahlreiche Anregungen für Ihre Unternehmungen auf der Insel vorstellt. Allen voran möchten wir Sie natürlich mit unserer heißgeliebten Rügener Küche vertraut machen, die so wunderbare regionale Produkte beinhaltet und diese sowohl auf traditionelle wie auch auf moderne Weise immer neu interpretiert.

Lassen Sie sich in die Welt der Rügener Küche entführen und freuen Sie sich auf spannende Geschmackserlebnisse mit Zutaten von der Insel, auf Gerichte, die Sie zu Hause nachkochen können und die Sie bis zu Ihrem nächsten Rügen-Urlaub in genussvollen Erinnerungen schwelgen lassen werden.

Wir wünschen eine spannende Entdeckungsreise mit viel Genuss!

Herzlichst, Simone Fischer und Wolfgang Link
Rügen-Freunde und Buchautoren

SIMONE FISCHER

Simone Fischer M. A., Jahrgang 1971, hat Anglistik, Philosophie und Medienwissenschaft studiert und ist zertifizierte Ernährungsberaterin. Sie ist seit über 20 Jahren in der Verlagsbranche tätig und hat in dieser Zeit als Herausgeberin, Lektorin, Übersetzerin und Texterin zahllose Bücher veröffentlicht. Ihrer Autorenfeder entstammen zu den verschiedensten Themenbereichen rund um das Thema Kochen und gesunde Ernährung über 25 Bücher.

Als Ernährungsberaterin und passionierte Köchin legt sie sehr großen Wert auf regionale und saisonale Produkte. Auf ihre Teller kommen oftmals herzhafte Gerichte, gerne traditionell zubereitet, nicht selten aber auch mit modernem Twist. Zudem gehören Marmeladen, Obstgerichte sowie Kuchen und Torten zu ihren absoluten Spezialitäten. Als Ostsee-Fan, die vor allem Rügen liebt, ist sie von der dortigen regionalen und traditionellen Küche begeistert und freut sich daher, diese Liebe nun mit Ihnen teilen zu dürfen.

WOLFGANG LINK

Wolfgang Link, Jahrgang 1972, wächst im mittelfränkischen Neuendettelsau auf. Nach seiner Ausbildung zum Koch und einigen Stationen in der Gastronomie verschlug es ihn in die Business-Gastronomie eines internationalen Automobilzulieferers, wo er heute den Catering-Service an einem großen Standort leitet. Die Liebe zum Beruf unterstrich er mit den Ausbildungen zum Diätcoach, Küchenmeister, technischen Betriebswirt und zum LOGI-Low-Carb-Experten. Seine vielfältigen Erfahrungsbereiche umfassen Ernährungsberatung, Kochkurse, Autorentätigkeit (Bestsellerautor von mehr als 180.000 verkauften Exemplaren) und Gastronomie-Konzeption. Außerdem ist er seit April 2014 in den erlesenen Kreis der Fernsehköche des BR3 aufgenommen, wo er mehrmals im Monat seine Kochkunst präsentiert.

Seine Liebe zur Insel Rügen nahm vor über 20 Jahren ihren Anfang, als er in einem Urlaub die wunderschöne Landschaft kennenlernte. Seitdem reist er mehrfach im Jahr zur Erholung dorthin.

RÜGEN –
DAS JUWEL DER OSTSEE

Rügen ist ein wahres Paradies auf Erden: Deutschlands
größte Insel gilt auch als die schönste Insel des Landes,
die nicht nur mit ihrer abwechslungsreichen Landschaft
beeindruckt. Zauberhafte ursprüngliche Dörfer, mondäne
Seebäder mit einer einzigartigen Atmosphäre und
architektonischem Charme, Promenaden und langen
Sandstränden sowie Städte mit wundervollen historischen
Bauten machen Rügen zu einem ganz besonderen Ziel.

Strände, so weit das Auge reicht, Kreidefelsen, die über den weiten blauen Flächen der Ostsee schimmern, atemberaubende, unberührte Naturlandschaften mit weiten Wiesen und urwüchsigen Wäldern, eine außergewöhnliche Flora und Fauna – man kann mit Recht sagen, dass die Insel Rügen eines der landschaftlich reizvollsten Juwele Deutschlands ist. Aber Rügen hat noch mehr zu bieten! Die Insel ist auch bekannt für ihre stilvollen Ostseebäder, wie Binz, Sellin und Göhren mit einer unvergleichlichen historischen Bäderarchitektur. Der Charme alter, traditioneller Fischerdörfer und kleiner, idyllischer Dörfer im Inneren der Insel verzaubert jeden, der einmal das Glück hatte, hier hindurchspazieren zu dürfen. Auch in die reiche, erfahrbare Geschichte dieser außergewöhnlichen Insel können Besucher eintauchen. Die historischen Sehenswürdigkeiten, die prächtigen Herrenhäuser und Schlösser, die beeindruckende Architektur und die liebevoll restaurierten Altstädte erzählen von vergangenen Zeiten und lassen die Geschichte lebendig werden. Eine reiche Kultur mit Museen, Festspielen, Konzerten, Veranstaltungen und Ausstellungen verwöhnt Kulturfreunde das ganze Jahr über. Natürlich ist Rügen auch ein Paradies für Wanderer, Radfahrer, Surfer und Kiter, ein wundervolles Abenteuerland für Familien und ein traumhafter Rückzugsort für Erholungssuchende.

Nicht zu vergessen die kulinarische Vielfalt der Insel, vor deren Küste Heringe, Dorsche, Zander und zahlreiche andere Fische gefangen werden und frisch zubereitet eine pure Delikatesse sind. Wo wilder Sanddorn und Holunder wächst, aus dem sich Köstliches zaubern lässt, und wo die Bauern unvergleichlich leckeren Spargel, Erdbeeren, alte Obstsorten und eine Vielfalt an weiterem Gemüse anbauen. Die Insel, auf der die Pommerschen Landschafe zu Hause sind und auf der Rinder und Schafe sich von den würzigen Kräutern und saftigen Gräsern der Salzwiesen ernähren, bietet

auch delikate Fleischspezialitäten. Und dort, wo Hühner, Enten und Gänse ganz natürlich heranwachsen, wo einzigartige Milch-, Joghurt- und Käse-spezialitäten hergestellt werden, finden sich auch versteckte Besonderheiten, die man unbedingt probiert haben sollte. Angefangen mit außergewöhn-lichen Gewürzmischungen und Insel-Salzen über honigsüße Verführungen und hausgemachte Nudeln bis hin zu prämierten Bieren aus der Inselbrauerei finden sich auf Rügen zahlreiche Delikatessen, die Besucher vor Ort probieren und natürlich auch erwerben können, um sie zu Hause zu genießen.

In diese wunderbare und köstliche Welt von Deutschlands schönster Insel möchten wir Sie mit diesem Buch entführen und laden Sie ein, auch nach Ihrem Rügen-Urlaub in Erinnerungen zu schwelgen und sich ein kleines Stückchen Rügen auf den Teller zu holen ... damit die Zeit bis zu Ihrem nächsten Besuch auf der Insel nicht zu lang wird.

WISSENSWERTES ÜBER RÜGEN

926 Quadratkilometer pure Schönheit mit rund 574 Kilometern Küste vor rauschenden Wellen – das ist Rügen. Die größte deutsche Insel liegt in der Ostsee vor der Küste Mecklenburg-Vorpommerns, direkt vor den Toren der Hansestadt Stralsund. Sie ist über den an seinen engsten Stellen nur einen Kilometer breiten Strelasund vom Vorpommerschen Festland getrennt, kann jedoch über den Rügendamm problemlos mit dem Auto erreicht werden.

Rügens Geografie ist von einer einzigartigen Schönheit geprägt, die jedes Jahr Tausende Touristen anzieht. Die abwechslungsreiche Landschaft, die malerischen Küsten und die vielfältige Tier- und Pflanzenwelt machen Rügen zu einem besonderen Reiseziel in Deutschland.

DIE ENTSTEHUNG DER INSEL

Die Insel Rügen ist während der letzten Eiszeit entstanden. Während dieser Zeit bedeckten gewaltige Eismassen weite Teile Nordeuropas, darunter auch den Nordosten Deutschlands. Als das Eis schmolz, bildete sich das Schmelzwasser zu großen Flüssen, die sedimentreiches Material mit sich führten. Durch die Ablagerungen von Eis, Sand, Kies und Moränen bildeten sich nach und nach Hügel und Erhebungen, die die Grundlage für die Landschaft von Rügen bildeten.

So entstanden auch die ältesten und geologisch stabilsten Teile der Insel, die Inselkerne. Sie bestehen hauptsächlich aus Gesteinen des Grundgebirges, die vor Hunderten Millionen Jahren gebildet wurden. Diese Gesteine, wie Granit und Gneis, sind widerstandsfähig gegen Erosion und haben dazu beigetragen, dass die Inselkerne im Laufe der Zeit erhalten geblieben sind. Das Landesinnere ist zudem durch die Einwirkung von Flüssen geformt worden. Die Flüsse haben im Laufe der Zeit Täler und Senken gegraben oder verfüllt und so die heutige Topographie des Inselinneren geprägt.

Im Laufe der Jahrtausende wurde die Insel durch Erosion und Ablagerungen, durch Wasser, Wind und Wetter weiter geformt. Die Küstenregionen von Rügen entstanden durch die Ablagerungen von Sedimenten während des Rückzugs des Eises und des Anstiegs des Meeresspiegels. Sand, Kies und Schotter wurden an den Küsten abgelagert und formten so die Strände, Dünen und Nehrungen, die wir heute kennen.

Die Entstehungsgeschichte der Insel ist auch heute noch an einigen Stellen sichtbar. Ein herausragendes Beispiel sind die Kreidefelsen im Nationalpark Jasmund. Diese steilen und imposanten Felsen bestehen aus Ablagerungen von Kalkschlamm, der vor Millionen von Jahren am Meeresboden entstanden ist. Durch geologische Prozesse wurden sie im Laufe der Zeit zu den markanten Felsformationen, die wir heute bewundern können.

Auch in anderen Teilen der Insel finden sich noch Spuren der Entstehung während der Eiszeit. Dazu gehören die bereits genannten Hügel und

Erhebungen, die aus moränischem Material bestehen. Diese geologischen Formationen wurden durch das Schmelzwasser und die Bewegung des Eises geformt und sind ein Zeugnis der vergangenen Gletscheraktivität. Ein bekanntes Beispiel dafür ist der Königsstuhl, der höchste Punkt der Kreidefelsen und ein beliebtes Ausflugsziel auf Rügen.

Darüber hinaus gibt es auf Rügen auch einige Brackwasserseen, die nach der letzten Eiszeit entstanden. Während des Rückzugs der Gletscher und dem damit verbundenen Abschmelzen des Eises stieg der Meeresspiegel kontinuierlich an. Dadurch wurden Gebiete, die zuvor Fluss- und Sumpflandschaften waren, nach und nach von Meerwasser überflutet. Die entstandenen Seen, die als Bodden bezeichnet werden, wurden mit Wasser gefüllt, das sowohl salzhaltiges Meerwasser als auch Süßwasser von den umliegenden Flüssen und Bächen enthielt. Dadurch entstand das charakteristische Brackwasser, eine Mischung aus salzhaltigem und Süßwasser. Im Laufe der Zeit veränderte sich die Landschaft weiter und es bildeten sich verschiedene Haffs, Buchten und Seen wie der Große Jasmunder Bodden, der Schaproder Bodden und der Kubitzer Bodden.

Sehnsucht
nach
RÜGEN

Das private 4-Sterne Hotel liegt auf der Halbinsel Mönchgut mitten im Biosphärenreservat Süd-Ost-Rügen. Hier wohnen Sie im Herzen der unberührten Natur und sind in wenigen Schritten an einem der schönsten Ostseestrände, die Rügen zu bieten hat. Die acht Häuser des Fürst Jaromar fügen sich harmonisch in die Landschaft der Halbinsel ein und sind um-geben von 8.800 Quadratmeter parkähnlicher Landschaft. Die Hotelappartements und Ferienwohnungen sind modern und komfortabel eingerichtet. Der ca. 600 m² große Well-nessbereich bietet Ihnen neben einem Tageslicht beleuchte-tem Pool auch verschiedenen Saunen an. Der Freiluftgarten mit Außendusche und Strandkörben lädt zum Verweilen ein.

»Fürst Jaromar« Hotel Resort & Spa
Telefon 03 83 08 / 3 4-5
www.jaromar.de

»Fürst Jaromar« Hotel Resort & Spa • Vera und Lutz M. Stenschke GbR • Ostseebad Thiessow • Hauptstraße 1 • 18586 Mönchgut

Die Küstenlinie der Insel Rügen verändert sich auch heute noch. Sie unterliegt ständig einem dynamischen Wandel, der durch natürliche Prozesse wie Erosion, Sedimentation, Wellen, Tiden und Wind verursacht wird. Dies zeigt sich beispielsweise am größten Sandhaken der Insel namens Bug, der stetig wächst, aber auch an den kleineren oder größeren Küstenabbrüchen, die immer wieder vorkommen. Ein dramatisches Beispiel dafür ist der Abbruch der Wissower Klinken im Februar 2005, bei dem 50.000 Kubikmeter Kreide in die Ostsee gerissen wurden. Die weiß leuchtenden Hauptzinnen der Wissower Klinken, die im 19. Jahrhundert bereits den Maler Caspar David Friedrich inspirierten, stürzten in die Tiefe, sodass nur zwei Stümpfe übrig blieben. So verlor Rügen eines seiner berühmtesten Wahrzeichen.

DIE GESCHICHTE DER INSEL

Die Geschichte Rügens reicht weit zurück und ist geprägt von wechselnden Herrschern, kulturellen Einflüssen und politischen Ereignissen. Die erste Besiedlung der Insel erfolgte bereits in der Steinzeit, wie archäologische Funde belegen. Ihre wechselhafte Geschichte hat die Insel geprägt und ihre vielfältige Kultur und Identität geschaffen.

8000–600 v. Chr.: Rügen war bereits in der Steinzeit um 8000 v. Chr. bewohnt, wie archäologische Funde beweisen. In der Jungsteinzeit um 3.000–1.800 v. Chr. wurden aus Findlingen gebaute Grabstätten, sogenannte Großsteingräber (s. S. 34), errichtet, von denen heute beispielsweise noch das Großsteingrab Nobbin bei Arkona zeugt. Aus der Bronzezeit um 1800–600 v. Chr. fanden sich Waffen und Werkzeuge aus Bronze sowie Schmuck, bei dem bereits Bernstein verwendet wurde. Zu dieser Zeit bestatteten die Menschen ihre Toten mit wertvollen Grabbeigaben in Hügelgräbern.

600 v. Chr.–100 n. Chr.: Während der Eisenzeit besiedelten die ostgermanischen Rugier die Insel, die der Insel letztlich ihren Namen Rügen verliehen.

200–600 n. Chr.: In der Zeit der Völkerwanderung verließen die Rugier die Insel und zogen nach Süden.

Ab 7. Jahrhundert: Vom 7. bis ins 13. Jahrhundert besiedelten die slawischen Ranen die fast entvölkerte Insel. Sie betrieben Fischfang, Ackerbau und Viehzucht und bauten Befestigungsanlagen, Tempel sowie weitere Gebäude. In Garz, auf dem Rugard bei Bergen und in anderen Orten auf Rügen entstanden Burgen, und in der Tempelburg am Kap Arkona befand sich das Haupheiligtum der Ranen, ein Standbild von Svantovit, dem Gott des Friedens, der Fruchtbarkeit und des Überflusses. Der seefahrende kriegerische Slawenstamm der Ranen war im Ostseeraum gefürchtet als Seeräuber, weshalb das Königreich Dänemark schließlich gegen ihn vorging.

Nachbildung des Svantovits am Kap Arkona

1168: Der Dänenkönig Waldemar I. besiegte die Ranen, entmachtete und christianisierte sie. Der Ranenkönig Jaromar I. leistete dem dänischen König den Treueeid und wurde daraufhin dänischer Fürst und erhielt die Insel Rügen als Lehen. Die heidnischen Stätten, wie das Standbild von Svantovit, wurden zerstört, und stattdessen wurden christliche Kirchen errichtet. Bereits 1180 wurde mit dem Bau der Marienkirche in Bergen begonnen, zahlreiche weitere Kirchen folgten.

12./13. Jahrhundert: Die slawischen Ranen lebten weiterhin auf Rügen, nun unter dänischer Lehnsherrschaft. Angeworben, um fortschrittliche Ackerbau-, Verarbeitungs- und Veredelungstechniken auf die Insel zu bringen, ließen sich Zuwanderer aus Flandern, (Nieder-)Sachsen, Westfalen, Holland und Dänemark auf der Insel nieder, die in der Folge zum kulturell prägenden Bevölkerungsteil wurden.

Der Jaromarstein an der Marienkirche in Bergen ist ein slawischer Grabstein.

1325: Mit dem Ende des slawischen Fürstenhauses übergaben die dänischen Könige Rügen als Lehen an die deutschen Herzöge von Pommern. Der dänische und auch der slawische Einfluss nahm daraufhin immer mehr ab.

15. Jahrhundert: Durch den Verlust des Einflusses der slawischen Sprache verschwand diese nach und nach von der Insel, sodass um 1400 größtenteils deutsch gesprochen wurde.

Überbleibsel der slawischen Sprache auf Rügen

Heute erinnern noch viele Ortsnamen auf Rügen an das slawische Erbe und die slawische Sprache. Man erkennt sie an den Endungen auf -in, -itz und -ow, wie beispielsweise Rappin, Bessin, Sassnitz, Poseritz, Wittow und Grabow. Vorsilben wie Put- und Sa- sind ebenfalls slawischen Ursprungs und finden sich in Ortsbezeichnungen wie Putbus oder Samtens. Der slawische Begriff Gard für Burg findet sich noch in Orten wie Rugard oder Sagard wieder.

Auch einige Flurnamen weisen noch slawische Ursprünge auf. Dazu gehören das Gakower Ufer (Entenufer) und das Wissower Ufer (Hohes Ufer) sowie der Uskam, ein Findling auf der Insel, der als Gottesstein bekannt war.

1618–1648: Im Dreißigjährigen Krieg wurde Rügen abwechselnd von Dänen, Schweden und den Truppen des Römisch-Deutschen Kaisers besetzt, geplündert und verwüstet. Ab 1637 stand die Insel unter der Herrschaft der Schweden und wurde 1648 im Westfälischen Frieden den Schweden zugesprochen. Bis zum Anfang des 19. Jahrhunderts blieb Rügen schwedisch.

17. und 18. Jahrhundert: Der Großteil der der Landbevölkerung auf Rügen wird Jahrzehnte lang zur Leibeigenschaft gezwungen, bis die Leibeigenschaft 1774 aufgehoben wird. Pestepidemien im 17. Jahrhundert dezimierten die Bevölkerung drastisch.

1715: Im nordischen Krieg wurden die schwedischen Truppen mehrfach geschlagen, sodass Rügen für kurze Zeit dänisch und anschließend wieder schwedisch wurde.

1795: Pastor Willich eröffnete die Brunnen-, Bade- und Vergnügungsanstalt in Sagard und legt damit die Wurzeln für den Kurbetrieb und Fremdenverkehr.

1807–1814: Während der Koalitionskriege wurde Rügen 1807–1813 von Napoleon okkupiert und von den Franzosen besetzt, ging dann aber im Kieler Frieden von Schweden an Dänemark.

1815: Nach dem Beschluss des Wiener Kongresses über eine territoriale Neuordnung Europas fiel Rügen mit Vorpommern an das Königreich Preußen und gehörte ab 1818 zum Regierungsbezirk Stralsund und somit zur preußischen Provinz Pommern.

19. Jahrhundert: Rügen wandelte sich nach und nach zur Kurinsel für die feine Gesellschaft. Nachdem Fürst Malte zu Putbus ab 1810 die Stadt als Residenz baute, gründete er 1816 Rügens erstes Seebad am Putbusser Strand mit dem Namen Lauterbach. Im Verlauf des 19. Jahrhunderts wurden weitere Badeorte etabliert, vor allem Sassnitz als Seebad Nummer eins, aber auch Binz, Baabe, Thiessow, Göhren, Lohme und Sellin. Aufgrund der wachsenden Besucherzahl entwickelte sich die Infrastruktur der Insel immer weiter: Die Eisenbahnstrecke wurde ausgebaut, das Netz der Rügener Kleinbahn entstand und der Fährverkehr gewann an Zufahrt.

1914–1918 – Erster Weltkrieg: Die beliebten Seebäder, die noch im Juli 1914 einen Besucherrekord verzeichneten, wurden nach der Mobilmachung am 1. August 1914 geschlossen. Da die Eisenbahnfährverbindung zwischen Sassnitz und Trelleborg zum Austausch verwundeter Kriegsgefangener eingesetzt wurde, dienten die Hotels in und um Sassnitz als Übergangslager und Lazarette. Rügen verlor zahlreiche Einheimische durch den Krieg, so fielen allein zwischen August 1914 und Mai 1915 an den Fronten 356 Rüganer.

1920er und 1930er Jahre: Der Tourismus blühte wieder auf, und Rügen mauserte sich zu einem der beliebtesten Reiseziele in Deutschland. Kaufleute, Industrielle, Ärzte, Juristen, Beamte, aber auch zahlreiche Künstler strömten auf die Insel. Nachdem 1936 der erste Zug über den gerade fertig-gestellten Rügendamm fuhr, durch den Rügen mit dem Festland verbunden wurde, war die Insel nun noch einfacher zu erreichen.

1939–1945 – Zweiter Weltkrieg: Von den Auswirkungen des Zweiten Welt-kriegs blieb Rügen bis kurz vor Kriegsende weitgehend verschont. Daher nahm Rügen viele Evakuierte auf, darunter auch Kinder der Kinderlandver-schickung. Ab 1945 kamen zudem zahlreiche Kriegsflüchtlinge und Heimat-vertriebene nach Rügen. Kurz vor Ende des Kriegs, am 6. März 1945, erfolgte der einzige, aber verheerende Luftangriff der Alliierten auf Sassnitz, bei dem die Hafen- und Bahnanlagen zerstört wurden. Im Mai 1945 wurde zudem der Rügendamm von deutschen Truppen gesprengt.

Nachkriegszeit bis 1989: Nach dem Zweiten Weltkrieg wurden Rügen zu einem Teil der DDR, zunächst zum Land Mecklenburg-Vorpommern, ab 1952 zum Bezirk Rostock. Die Großgrundbesitzer aus der Vorkriegszeit wurden enteignet, das Land wurde unter ansässigen Bauern und Landarbeitern auf-geteilt, und Bauern wurden gedrängt, sich landwirtschaftlichen Produktions-genossenschaften anzuschließen. 1953 verstaatlichte die DDR-Regierung Hotels und Pensionen sowie Taxi- und Dienstleistungsunternehmen und ent-eignete die Besitzer. Dadurch brach der Fremdenverkehr auf Rügen vorüber-gehend fast völlig zusammen. Rügen wurde später über vier Jahrzehnte lang jedoch zu einem der wichtigsten Urlaubsgebiete der DDR, weshalb zahlreiche Unterkünfte, Ferienheime, Kinder- und Jugendferieneinrichtungen sowie Campingplätze errichtet wurden. Vor allem in den 1970er und 1980er Jahren wurden im großen Umfang Ferienanlagen geschaffen, wobei zahlreiche gewerkschaftliche Ferienheime zwischen Binz und Prora entstanden.

Nach der Wende 1990: Seit der Wiedervereinigung 1990 gehören Rügen, Hiddensee und Stralsund zu Mecklenburg-Vorpommern, zunächst als Land-kreis Rügen, seit 2011 gehören sie zum Landkreis Vorpommern-Rügen.

Das staatlich organisierte Erholungswesen brach fast völlig zusammen, die Feriensiedlungen verfielen und wurden geschlossen, später jedoch privatisiert und teilweise modernisiert. Dank der Öffnung für den inter-nationalen Tourismus entstand ein regelrechter Bauboom mit vielen neuen Hotels und Pensionen sowie Feriensiedlungen und Campingplätzen. Heute erstrahlt die Insel in einem neuen Glanz, wobei einige der alten Bausünden, glücklicherweise aber auch die charmante Bäderarchitektur erhalten geblieben sind.

Da der vormals staatliche landwirtschaftliche Grundbesitz privatisiert wurde, wurde auch die intensive Viehzucht beendet, die Betriebe wurden kleiner und richten sich wieder mehr auf Ackerbau aus.

Auch der Umweltschutz wird auf Rügen mittlerweile großgeschrieben. Pläne aus DDR-Zeiten zur Etablierung von Nationalparks sowie eines Biosphären-reservats wurden weiterverfolgt und umgesetzt.

Der »Koloss« von Rügen in Prora ist bereits zum Teil saniert worden.

1991: Südost-Rügen wurde zum UNESCO-Biosphärenreservat erklärt.

1994: Die Fährverbindung zwischen den Festlandhafen Stahlbrode und Zudar wurde wieder aufgenommen.

2004: Das in einem ehemaligen NVA-Gebäude eingerichtete Nationalpark-zentrum Königsstuhl wurde eröffnet.

2007: Einweihung der 2830 m langen Strelasund-Brücke parallel zum Rügendamm, sodass eine zweite Anbindung zur Insel entsteht.

2011: Der Buchenwald der Halbinsel Jasmund wurde zum UNESCO-Welt-naturerbe erklärt.

2013: Das Naturerbe Zentrum Rügen mit Baumwipfelpfad und Erlebnisaus-stellung eröffnete in Prora.

2023: Der Skywalk, eine Schwebebrücke über dem Königsstuhl auf Rügen wurde eingeweiht (mehr dazu auf S. 45).

UNESCO-Weltnaturerbe Alte Buchenwälder auf Jasmund, © NZK-Leh-mann, Nationalpark-Zent-rum Königsstuhl

DIE SCHÖNHEIT DER INSEL

Rügen hat einen Charme, der seinesgleichen sucht, und
daher verwundert es nicht, dass die Insel nicht nur aufgrund
ihrer Lage einen ganz besonderen Reiz ausübt. Ihre
natürliche Schönheit mit rauschenden Wellen, salziger Luft,
feinsandigen Stränden, malerischen Nationalparks und
historischen Orten hält für jeden Geschmack etwas bereit.
Rügen ist der perfekte Sehnsuchtsort, an den es einen
immer wieder zieht, wenn man einmal hier war – denn die
Insel hat einfach alles, was einen Urlaub unvergesslich macht.

Die Vielfalt Rügens ist ein echtes Highlight. Auf einer einzigen Insel finden sich feinsandige Strände, steile Kreidefelsen, Boddengewässer, Seen, Flüsse und Bäche, sanfte Hügel, weite Felder und dichte Wälder. Nationalparks und Naturschutzgebiete schützen an einigen Stellen diese Einzigartigkeit, in der sich auch eine erstaunlich abwechslungsreiche Flora und Fauna findet. Dies wird auf der Sonneninsel gepaart mit einer unvergleichbar schönen Bäderarchitektur, verträumten Dörfern mit reetgedeckten Häusern, herrschaftlichen Gutshäusern und Schlössern, kleinen Feldsteinkirchen, vorzeitlichen Hünengräbern und einer reichen Kulturlandschaft.

DIE LANDSCHAFT DER INSEL

Die landschaftliche Schönheit Rügens sucht ihresgleichen: Hier durchdringen sich Land und Meer, während flache Bereiche sich mit Steilküsten abwechseln und urige Wälder neben grasbewachsenen Hügeln liegen. Diese enorme Vielseitigkeit der Natur zeigt sich in den unterschiedlichsten Landschaften.

CHARAKTERISTISCHE LANDSCHAFTSFORMEN

Muttland: Der Inselkern der Insel Rügen macht mit ca. 650 km² den flächenmäßig größten Teil der Insel aus. Hier liegen drei der fünf Städte der Insel: Bergen, Putbus und Garz. Das Muttland ist eine landwirtschaftlich geprägte Region, in der man Felder, Wiesen und Weiden findet, auf denen vor allem Getreide und Viehzucht betrieben werden. Das Herz der Insel bietet unberührte Natur, kleine, versteckte Dörfer, imposante Herren- und Gutshäuser und historische Schätze, wie die Hünengräber.

Kreidefelsen: Die berühmtesten Landschaftsformen auf Rügen sind die weißen Kreidefelsen. Diese einzigartigen Felsen, die sich an der Nordküste der Insel im Nationalpark Jasmund befinden, erstrecken sich über eine 11 Kilometer lange Kreideküste zwischen Sassnitz und Lohme. Die höchste Erhebung an der Kreideküste ist der 118 Meter hohe Königsstuhl. Die Kreideküste mit Steilhängen und Abbruchkanten ist aus voreiszeitlichem

Kreidegestein entstanden, das die gewaltigen Felsen über Millionen von Jahren geformt hat.

Strände: Rügen hat eine mehr als 570 Kilometer lange Küstenlinie mit 56 Kilometern feinkörnigen Sandstränden, zu denen sich Naturstränden mit Findlingen und Geröll aus der Eiszeit gesellen. Einer der bekanntesten Strände ist das Prorer Wiek zwischen Mukran und Binz, das einen 10 Kilometer langen und 40 Meter breiten feinsandigen und steinfreien Sandstrand bietet. Von Dranske bis zum Kap Arkona wechseln sich Strandabschnitte mit feinsandigen Bereichen und steinigen Strandbereichen ab.

Bodden: Bodden sind weitgehend vom Land umschlossene Gewässer, die eine Verbindung zum Meer haben. Diese flachen Küstengewässer, die tief ins Land hineinragen, sind meist durch Inseln oder Landzungen vom Meer abgetrennt und nur über schmale Flutrinnen und Meeresarme mit der Ostsee verbunden. Diese Art der Küstengewässer, die normalerweise als Lagunen bezeichnet werden, heißen hier Bodden, was aus dem Niederdeutschen kommt und »Boden« oder »Grund« bedeutet. Die Boddengewässer sind Brackwasserseen, da sie einen geringeren Salzgehalt als die Ostsee haben, jedoch salzhaltiger als Süßwasser sind. Dies entsteht dadurch, dass die zufließenden Flüsse und Bäche Süßwasser liefern und wenig Wasseraustausch mit dem offenen Meer stattfindet. Die Brackwasserzonen mit ihrem unterschiedliche Salzgehalt bieten einer einzigartigen Flora und Fauna Heimat und sind bedeutsame Laich- und Aufwuchsgebiete für Fische sowie bedeutende Lebensräume für viele Vogelarten und insbesondere wichtige Nahrungs- und Rastplätze für Zugvögel wie Kraniche und viele Gänsearten. Zu den wichtigsten Rügener Bodden zählen der Große Jasmunder Bodden, der Kleine Jasmunder Bodden, der Wieker Bodden, Mittelsee, Rügenscher Bodden, Spykerscher See und der Rassower Strom.

Wieke: Kleine, flache Buchten in der Boddenlandschaft werden als Wiek (vom Mittelniederdeutschen Wik für »Bucht«) bezeichnet, woraus sich erklärt, dass viele Buchten in der Ostsee den Namen Wiek tragen.

Sandhaken: Ebenso typisch wie die Bodden sind für Rügen die Sandhaken. Wo im Laufe der Jahrtausende Sand, Ton und Kies von den Stränden ins Meer gespült wurden, lagerten sich diese zu langen, schmalen Strandwällen ab, die nach und nach die sogenannten Sandhaken formten, die aussehen wie fingerartige Verlängerung des Festlands.

Nehrungen: Aus manchen Sandhaken haben sich auf Rügen im Laufe der Zeit schmale Landzungen gebildet, die als Nehrungen bezeichnet werden. Diese Landzungen können in einer Bucht so weit wachsen, dass sie diese abschließen und das offene Meer von der Küste abschneiden. Durch diesen Vorgang sind die Bodden entstanden.

DAS KLIMA AUF RÜGEN

Auf Rügen herrscht ein gemäßigtes Reizklima mit vielen Sonnenstunden. Aufgrund der sonnigen Lage wird die Insel gerne auch als Sonneninsel bezeichnet, denn mit durchschnittlich 2000 Sonnenstunden im Jahr gehört Rügen zu den deutschen Gegenden mit der höchsten Sonnenwahrscheinlichkeit. Bereits im April und Mai ist die Sonne durchschnittlich sechs Stunden am Tag zu sehen. Die sonnigsten Monate sind der Juni und Juli.

Das Klima auf Rügen wird stark von den Wassertemperaturen der Ostsee beeinflusst: Im Frühling steigen die Temperaturen etwas langsamer, weil die Wassertemperatur der Ostsee nur langsam ansteigt. Dafür ist es allerdings im Herbst länger warm. Die Ostsee erreicht im Sommer 17 bis 19 °C, in den Boddenbereichen teilweise auch bis zu 22 °C. Die Jahresdurchschnittstemperatur auf der Insel liegt bei 8 bis 16 °C, wobei es im Sommer durchaus bis zu 35 °C und bereits Ende März bis zu 20 °C warm werden kann. Die Winter sind in der Regel mild mit bis zu 5 °C, können aber auch mit Temperaturen um den Gefrierpunkt recht rau werden. Im Vergleich zum Rest Deutschlands ist die Niederschlagsmenge auf Rügen relativ gering, und die Niederschläge sind gleichmäßig auf das Jahr verteilt, doch die Luftfeuchtigkeit ist ziemlich hoch. Frischer Wind und vor allem im Frühling und Herbst stürmisches Wetter sind keine Seltenheit auf Rügen.

Aufgrund der Insellage gibt es auf Rügen verschiedene klimatische Regionen. In Westrügen und auf Hiddensee ist ein reizstarkes Seeklima vorherrschend, auf Ostrügen spürt man eher die Einflüsse des nach Osten zunehmenden Kontinentalklimas.

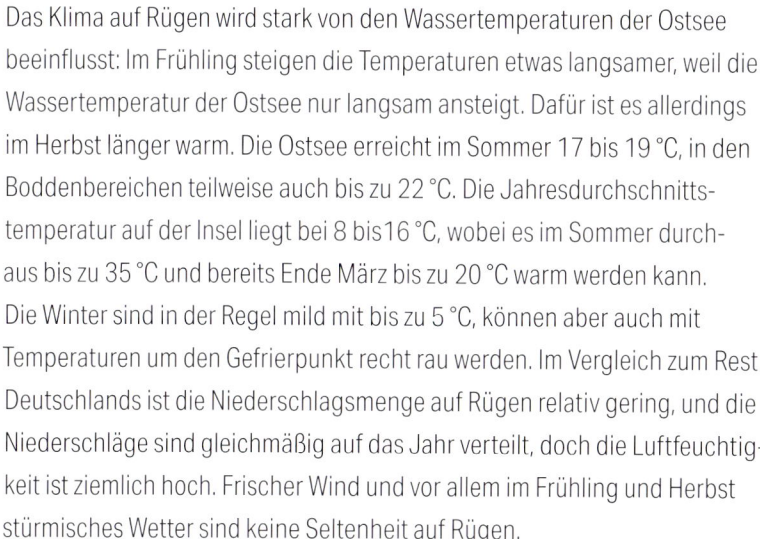

Die frische Inselluft mit einem hohen Salz- und Jodgehalt wirkt sich übrigens angenehm auf die Atemwege aus, weshalb Rügen auch für Menschen mit Atemwegserkrankungen ein idealer Aufenthaltsort ist.

FLORA UND FAUNA

Die Flora auf Rügen ist geprägt von einer abwechslungsreichen Landschaft und einer Vielfalt von Pflanzenarten. Rügen weist eine große Anzahl natürlicher Lebensräume auf, darunter die für die Region typischen Mischwälder mit Buchen- und Nadelbestand, Moore, Feuchtwiesen, Dünen und Küstenlandschaften.

In den Wäldern dominieren neben der Rotbuche auch Kiefern und Eichen, zudem wachsen hier unter anderem Heckenkirsche, Hartriegel und Buschwindröschen. In den feuchteren Gebieten findet man auch Birken, Erlen und Fichten. An den Küsten wachsen typische Strandpflanzen, wie Strandhafer, Stranddistel, Strand-Wegerich und Meersenf, Salzaster und Milchkraut. Auf dem kargen, sandigen Boden an den Steilküsten und auch in den Buchten wächst der berühmte wilde Sanddorn.

Besonders im Frühling und Sommer erblüht Rügen in prächtigen Farben., denn Rügen ist bekannt für seine Vielfalt an Blumen und Wildpflanzen. Im Frühling blühen zahlreiche Arten wie Märzenbecher, Schlüsselblumen, Huflattich und Veilchen. Im Sommer können Besucher Orchideen, Mohnblumen, Fingerhut, Glockenblumen und viele andere Blumen bewundern. Duftende Wildkräuter zeigen sich vom Frühling bis in den Herbst hinein in Hülle und Fülle auf der Insel, angefangen vom altbekannten Löwenzahn über Sauerampfer, Zinnkraut, wilden Majoran und Wiesenschlüsselblume bis hin zu Leberblümchen, Bachbunge und Bärlauch. Pflücken Sie diese Kostbarkeiten jedoch bitte nicht ohne Erlaubnis. Wenn Sie sich für Kräuter interessieren, können Sie an einer der zahlreichen Kräuterwanderungen teilnehmen, die hier von fachkundigen Menschen angeboten werden.

Die Fauna auf Rügen ist ebenfalls sehr abwechslungsreich und bietet eine Vielzahl von Tierarten sowohl auf dem Land als auch im Wasser.

Rügen gilt als wahres Dorado für zahlreiche Brut- und Zugvögel. An den Küsten und in den Feuchtgebieten leben Möwen, Kormorane, Enten, Gänse, Kraniche, Zwergtaucher, Brand- und Mehlschwalben und sogar Seeadler. In den Bodden trifft man nicht selten auf Haubentaucher, Rohrsänger und Rohrammern. Und in den Wäldern finden sich verschiedene Vogelarten, wie Spechte, Eulen, Zwergschnäpper und andere Wald- und Singvögel.

Nicht nur Vögel sind hier heimisch, sondern auch zahlreiche andere Tiere. Vor allem in den Feuchtgebieten finden sich Ringelnattern, Glattnattern und Kreuzottern. Nicht selten sind auch Waldeidechsen, Teich- und Kamm-molche, Rotbauchunken, Frösche, wie der Teichfrosch, Kleine Wasserfrosch, Grasfrosch, Moorfrosch und Springfrosch, sowie Erdkröten und Wechsel-kröten zu beobachten.

Auf Rügen gibt es zudem eine vielfältige Population von Säugetieren. Rot- und Damwild, Rehwild und Schwarzwild, Wildschweine, Füchse, Marder und Dachse sowie Fledermäuse sind hier heimisch. Nicht zu vergessen die zahlreichen Schafe, die man überall auf den Wiesen beobachten kann und die das Bild Rügens nachhaltig prägen. Und mit etwas Glück kann man auch Kegel- oder Ringelrobben oder Seehunde beobachten, die sich auf den Sandbänken vor der Insel sonnen.

Die Gewässer rund um Rügen sind reich an Fischen wie Hering, Ostseelachs und Hornfisch, Hecht, Barsch, Aal und weiteren Meeresfischen. Auch Krebse und Muscheln sind hier verbreitet. Und auch Quallen finden sich in den Gewässern vor Rügen, allen voran Ohren- und Feuerquallen.

Rügens Landschaften sind einzigartig und bieten ein wichtiges Rückzugs-gebiet für viele Tierarten. Aus diesem Grund wird diese wertvolle Flora und Fauna in Form von Nationalparks und Naturschutzgebieten geschützt.

NATIONALPARKS UND NATURSCHUTZGEBIETE

Die Schönheit Rügens ist so einzigartig, dass sie unbedingt geschützt werden muss. Aus diesem Grund beinhaltete bereits das Nationalpark-programm der DDR die Nationalparke Jasmund und Vorpommersche Boddenlandschaft sowie das Biosphärenreservat Südost-Rügen. Zudem beherbergt Rügen zahlreiche Naturschutzgebiete, die dem Erhalt und der Wiederherstellung von Lebensräumen und der darin lebenden Tierarten und vorkommenden Pflanzen dienen. In den Nationalparks und dem Biosphären-reservat widmet man sich neben der Pflege der Natur auch der Aufklärung. Einheimische sowie Gäste der Insel können sich hier über die Schutzziele aufklären lassen und werden auf vielfältige Weise an die Natur herangeführt. Zu den Angeboten der Park- und Reservatsverwaltungen gehören daher moderne Informationszentren einschließlich informativer Wege durch die Gebiete, Ausstellungen, naturpädagogische Angebote sowie eine Vielzahl von Themenführungen durch zertifizierte Natur- und Landschaftsführer.

NATURSCHUTZGEBIETE

Auf Rügen und Hiddensee gibt es eine große Anzahl von Naturschutzgebieten, genauer gesagt insgesamt 28 Naturschutzgebiete, darunter unter anderem die Schoritzer Wiek, das Muglitzer Boddenufer, die Küstenzonen des Wieker Boddens, die Dünenheide auf Hiddensee und die Salzwiesen von Middel-hagen. Wer diese Gebiete besucht, wird mit einer unvergleichlichen Natur und wunderbaren Erlebnissen belohnt, sollte sich aber natürlich an bestimmte

Regeln halten. Dies bedeutet, dass man unter anderem nur die ausgewiesenen Wege benutzen, Störungen der dort lebenden Tiere vermeiden und natürlich auch keine Pflanzen pflücken sollte. In vielen Naturschutzgebieten werden Führungen angeboten, bei denen man zahlreiche spannende Informationen erhält und grandiose Ausblicke und Erlebnisse erwarten darf.

NATIONALPARK JASMUND MIT UNESCO-WELTERBE

Der Nationalpark Jasmund umfasst rund 3000 Hektar und gilt als größter zusammenhängender Buchenwald an der Ostsee. Inmitten des Nationalparks befindet sich seit 2011 auch das UNESCO-Welterbe »Alte Buchenwälder« mit knapp 500 Hektar, das zu den letzten unversehrten Wäldern Europas zählt. Diese seltenen Buchenwälder bilden mit vier weiteren Schutzgebieten die wertvollsten verbliebenen Reste großflächiger naturbelassener Buchenbestände in Deutschland. In diesen Wäldern findet man eine unvergleichliche Vielfalt an Pflanzen und Lebewesen.

Buchenwälder auf Jasmund © NZK-Lehmann, Nationalpark-Zentrum Königsstuhl

Der Nationalpark übt auch im Herbst und Winter einen ganz besonderen Reiz aus. © Christian Ziegler, NZK-Lehmann, Nationalpark-Zentrum Königsstuhl

Doch der Nationalpark Jasmund bietet mehr als nur Wälder: Eine atemberaubende Natur an der Kreideküste mit dem berühmten Kreidefelsen Königsstuhl erwartet den Besucher. Zudem hält das Nationalpark-Zentrum KÖNIGSSTUHL neben dem Außengelände mit Spielplätzen, Kletterbäumen und Führungen auch eine 2000 m² große Ausstellungsfläche mit Erlebnisausstellung und Multivisionskino bereit. Eine ganz besondere Attraktion wurde 2023 eröffnet: Der spektakuläre Skywalk am Königsstuhl (s. S. 45) bietet einen unvergleichlichen Ausblick auf das Kreidekliff und die Ostsee.

Boddenufer im National-
park © Katrin Bärwald,
Nationalpark Vorpommer-
sche Boddenlandschaft

Bartmeise im Schilf am
Bodden © Lucia Zust,
Nationalpark Vorpommer-
sche Boddenlandschaft

NATIONALPARK VORPOMMERSCHE BODDENLANDSCHAFT

Der größte Nationalpark an Deutschlands Ostseeküste mit 786 km² ist
gleichzeitig auch der drittgrößte Nationalpark Deutschlands. Er erstreckt
sich vom Osten gesehen von den Halbinseln Darß und Zingst über Hiddensee und Ummanz bis zur Halbinsel Bug an der Westküste von Rügen und
besteht zu 83 % aus Ostsee, Wattflächen und Bodden. Hier gesellt sich ein
buntes Mosaik an Lebensräumen zusammen, bestehend aus Wasser, Land
und Übergangsbereichen, wie den Schilfgürteln an den Ufern der Bodden
oder dem Windwatt des Zingstes. Die Natur wird sich hier weitgehend selbst
überlassen, darf sich nach ihren eigenen Regeln entwickeln und besticht
daher mit ganz besonderen Naturräumen und einer unglaublich vielfältigen
Tier- und Pflanzenwelt.

Hier wachsen die verschiedensten Pflanzen, die teilweise sehr selten sind
und entsprechende außergewöhnliche Namen, wie Strandmilchkraut,
Brackwasser-Hahnenfuß und Rotbraune Quellried, haben. Etwa die Hälfte
der Landfläche des Nationalparks ist mit Wäldern, wie Kiefern-, Buchen- und
Erlenwäldern sowie Moorkiefern- und Birkenbruchwäldern, bedeckt. Hier
leben Wildschweine, Rehe und Rothirsche, und die Vogelwelt überrascht
neben Schwarzspechten und Hohltauben auch mit Seeadlern, die in den
Kronen der Altbäume ihre Horste bauen. Vor allem in den Boddenland-
schaften finden sich natürlich auch die charakteristischen Schilftypen, die
als Lebensraum für verschiedenste Insekten und Vögel, wie der Bartmeise,
dienen. Im Wasser tummeln sich Heringe, Brassen, Zander und Flundern.

Reiher- und Tafelenten, Mittel- und Gänsesäger sowie Höckerschwäne sind häufige Wasservögel am Bodden. Im Herbst sind die Bodden wichtige Schlaf- und Ruheplätze für Zugvögel auf dem Weg zu ihren Überwinterungsplätzen. Der Anblick unzähliger Gänse und Kraniche zu dieser Zeit wird jeden begeistern, der dieses Schauspiel einmal erleben durfte.

Moore und Heidelandschaften, Salzwiesen und Magerrasen, Steilufer und Windwatten; Küstensandlaufkäfer und Wildbienen, Schmetterlinge und Moorfrösche, Fischotter und Feldhasen – die Lebensräume und Tiere des Nationalparks sind so vielfältig, dass man sie kaum alle beschreiben kann. Am besten schaut man sie sich selbst bei einem Besuch an oder lässt sich bei einer geführten Wanderung von einem Ranger in die zauberhafte Welt des Nationalparks entführen.

BIOSPHÄRENRESERVAT »SÜDOST-RÜGEN«

Die Landschaft von Südost-Rügen wurde 1991 als Biosphärenreservat von der UNESCO anerkannt. Es umfasst ein 235 km² großes Gebiet, das sich über die Halbinsel Mönchgut, das Waldgebiet Granitz und den Rügenschen Bodden, die Ostseebäder Sellin, Baabe und Göhren und über den nordöstlichen Bereich, um die Stadt Putbus und über die Insel Vilm, erstreckt.

Das Ziel des Biosphärenreservats besteht darin, ein ausgewogenes Verhältnis zwischen vom Menschen geschaffenen Kulturlandschaften, der menschlichen Nutzung dieser Kulturlandschaft und dem Schutz der natürlichen Ressourcen zu erschaffen. Hier spielen neben dem Naturschutz auch die Land- und Forstwirtschaft sowie die Fischerei eine Rolle, und es wird darauf geachtet, dass Wirtschaftsstrukturen und Siedlungen in dem Gebiet so gestaltet sind, dass sie den Bewohnern dieses Gebietes eine dauerhafte Existenzgrundlage im Einklang mit der Natur und der landschaftlichen Schönheit bieten.

Im Biosphärenreservat »Südost-Rügen« erwartet den Besucher also nicht nur eine einzigartige Naturpracht, sondern auch Zeugnisse menschlicher Siedlungen und Kultur, wie beispielsweise Großstein- und Hügelgräber, mittelalterliche Kirchen, alte Dorfstrukturen und die beeindruckende Bäderarchitektur an der Ostküste.

GROẞSTEIN- UND HÜGELGRÄBER

Die Menschen der Steinzeit haben deutliche Spuren auf Rügen hinterlassen. Noch heute kann man hier jungsteinzeitliche Grabstätten entdecken, die als Großsteingräber oder Hünengräber bezeichnet werden. Die Großsteingräber auf Rügen wurden mit gewaltigen Findlingen errichtet, die durch den Verlauf der Eiszeit liegengeblieben waren. Diese Findlinge standen aufrecht und wurden von oben mit einer Steinplatte versehen, sodass eine Steinkammer entstand. In das Grab führte ein Kriechgang, und bis auf diesen Gang mit seinem Ausgang wurde das Grab mit Erde abgedeckt. Viele Großsteingräber wurden im Laufe der Jahrtausende zerstört, wovon manche heute noch in Resten vorhanden, andere etwas besser erhalten sind. Das Großsteingrab Nobbin bei Arkona ist eines der bekannten Gräber, das Dwasiedener Hünengrab ist besonders imposant, und bei Lancken-Granitz befindet sich eine Gruppe von sieben Großsteingräbern. Weitere noch gut erhaltene Gräber liegen z. B. bei Sassnitz-Waldhalle und Hagen-Stubnitz, daneben gibt es Lonvitz bei Putbus, das Großsteingrab Nipmerow und das Großsteingrab Nadelitz bei Putbus.

Auch Hügelgräber aus der Bronzezeit sind noch auf der Insel erhalten geblieben. Bei diesen Begräbnisstätten handelt es sich um aufgeschüttete Erdhügel, deren Größe sowie die wertvollen Grabbeigaben den gesellschaftlichen Status der bestatteten Person wiederspiegelte. Der kegelförmige Aufbau ist ein charakteristisches Zeichen der Hügelgräber, der dadurch entstand, dass zunächst ein Steinkreis um die Grabstelle errichtet und in der Mitte ein

Zentralgrab eingetieft wurde, in das der Verstorbene dann mit Grabbeigaben beigesetzt wurde. Dieses Zentralgrab wurde danach durch Steine abgedeckt, auf die Erde, Sand, Lehm und Grassoden aufgehäuft wurden, bis ein Erdhügel von mehreren Metern entstanden war. Das bekannteste und größte Hügelgrab Rügens ist der imposante Dobberworth bei Sagard. Der mit Büschen und Bäumen bewachsene Grabhügel erreicht eine Höhe von rund 15 Metern, einen Umfang von 150 Metern und einen Durchmesser von 40 Metern und wurde mit circa 22.000 Kubikmetern Erde errichtet. Zahlreiche Hügelgräber auf Rügen wurden durch Erdrutsche oder Abbrüche der Kreideküste beschädigt oder vertilgt, manche wurden aber auch von Menschenhand zerstört. Bei einer Zählung im Jahr 1973 wurden aber immerhin noch 561 mehr oder weniger intakte Hügelgräber auf Rügen erfasst.

FINDLINGE, SAGEN- UND OPFERSTEIN

Zahlreiche Findlinge sind auf Rügen zu entdecken, also große Steinblöcke von mindestens einem Kubikmeter Größe, die durch Eisverschiebungen während der Eiszeit an ihren jetzigen Ort geschoben wurden. Rügens Findlinge bestehen aus Granit oder Gneis und wurden in der Steinzeit zur Errichtung der Dolmen verwendet. Neben den Gräbern finden sich über die Insel verstreut zahlreiche einzelne Findlinge, darunter einige sehr große Exemplare.

DIE 10 GRÖSSTEN FINDLINGE AUF RÜGEN

- der Buskam bei Göhren (im Wasser)
- der Große Stein von Nardevitz
- der Findling Blandow bei Lohme (im Wasser)
- der Siebenschneiderstein nordwestlich von Kap Arkona
- der Schwanenstein bei Lohme (in der Ostsee)
- der Uskam in Sassnitz (im Wasser)
- der Jastor in Sassnitz
- der Opferstein zu Quoltitz
- der Findling Jasmund

Zwei sagenumwobene Findlinge stechen auf Rügen besonders hervor:

Der Opferstein zu Quolitz stammt wahrscheinlich aus der Eiszeit vor 13.000 Jahren und weist Spuren früher menschlicher Bearbeitung aus. Man sagt, dass hier der Göttin Hertha Menschenopfer dargebracht wurden.

In der Nähe des Herthasees befindet sich der Sagenstein, auf dem der Legende nach Fußspuren von einem Erwachsenen, einem Kind und einem Hasen oder Hund eingedrückt sind. Die Sage berichtet über die Prüfung einer Jungfrau, die den heidnischen Göttern geopfert werden sollte – vermutlich steckt aber gar keine wahre Mystik hinter der Geschichte des Steins, sondern ein geschäftstüchtiger Gastwirt des 19. Jahrhunderts, der den Stein als Touristenattraktion errichtet haben soll.

KAP ARKONA

Das Kap Arkona auf der Halbinsel Wittow gelegen ist nicht nur deshalb attraktiv, weil es als der sonnenreichste Ort Deutschlands gilt, sondern auch weil es eine unvergleichliche landschaftliche Schönheit mit idyllischer Ruhe verbindet. Eingerahmt von der malerischen 45 Meter hohen Steilküste aus Kreide und der windgeformten Landschaft der Ostseeküste breitet sich das Flächendenkmal Kap Arkona aus.

Drei Türme auf einem Fleck locken die Bescher magisch an: Der quadratische Schinkelturm aus rotem Backstein ist der zweitälteste Leuchtturm an der deutschen Ostseeküste. Direkt daneben liegt das Leuchtfeuer Kap Arkona, von dem man einen herrlichen Blick über Wittow, Rügen und die Ostsee hat, wenn man erst einmal die 164 Stufen erklommen hat. Der Peilturm mit seiner Glaskuppel ist ebenfalls ein beliebter Aussichtspunkt und bietet zudem wechselnde Ausstellungen.

Am Kap befindet sich außerdem die Wallanlage zur Jaromarsburg, der wichtigsten Kultstätte der Ranen, die dem Gott Svantovit gewidmet war. Die hölzerne Burg befand sich an der äußersten Spitze des Kap Arkonas, sodass sie auf Meeresseite durch die Steilküste und von der Landseite durch einen Burgwall geschützt war. Da über die Jahrhunderte hinweg große Teile des Kliffs ins Meer gestürzt sind, ist heute noch geschätzt ein Drittel des nunmehr grasbewachsenen historischen Burgwalls aus der Slawenzeit sichtbar. Am Fuße der Burg lag das Dörfchen Podgarde, das heute Putgarten heißt und als guter Ausgangspunkt zur Erkundung des Kaps dient.

DIE STRÄNDE DER INSEL

Das Meeresblau der Ostsee mitsamt den wundervollen Stränden Rügens ist allein schon eine Reise wert. So versprechen über 60 Kilometer lange, weiße Sandstrände Badevergnügen pur. Daneben locken knapp 30 Kilometer Naturstrände sowie einige Boddenstrände mit ganz besonderem Charme. Bei Wassertemperaturen um die 22 Grad in der Ostsee und 25 Grad in den Boddengewässern ist die Insel vor allem im Sommer ein Eldorado für Wasserratten und Sonnenhungrige. Hier kann man nach Herzenslust schwimmen, plantschen, sonnenbaden, Sandburgen bauen, Muscheln sammeln, Drachen steigen lassen oder einfach mal die Seele baumeln lassen.

EINIGE DER SCHÖNSTEN STRÄNDE LISTEN WIR HIER AUF:

Im Norden der Insel

Dranske bis Kap Arkona: Hier wechseln sich steiniger Strand mit Steilküste und feinsandigem Strand ab.

Seebad Juliusruh: Der circa 40 Meter breite Strand ist ein naturbelassenes Badeparadies mit Textil- und FKK-Stränden.

Glowe und die Schaabe: Der Strand von Glowe bietet feinen weißen Sand und einen herrlichen Blick zum Kap Arkona. Er liegt am Anfang der langgezogenen Bucht Schaabe mit ihrem Sandstrand, an dem Strandkörbe gemietet werden können.

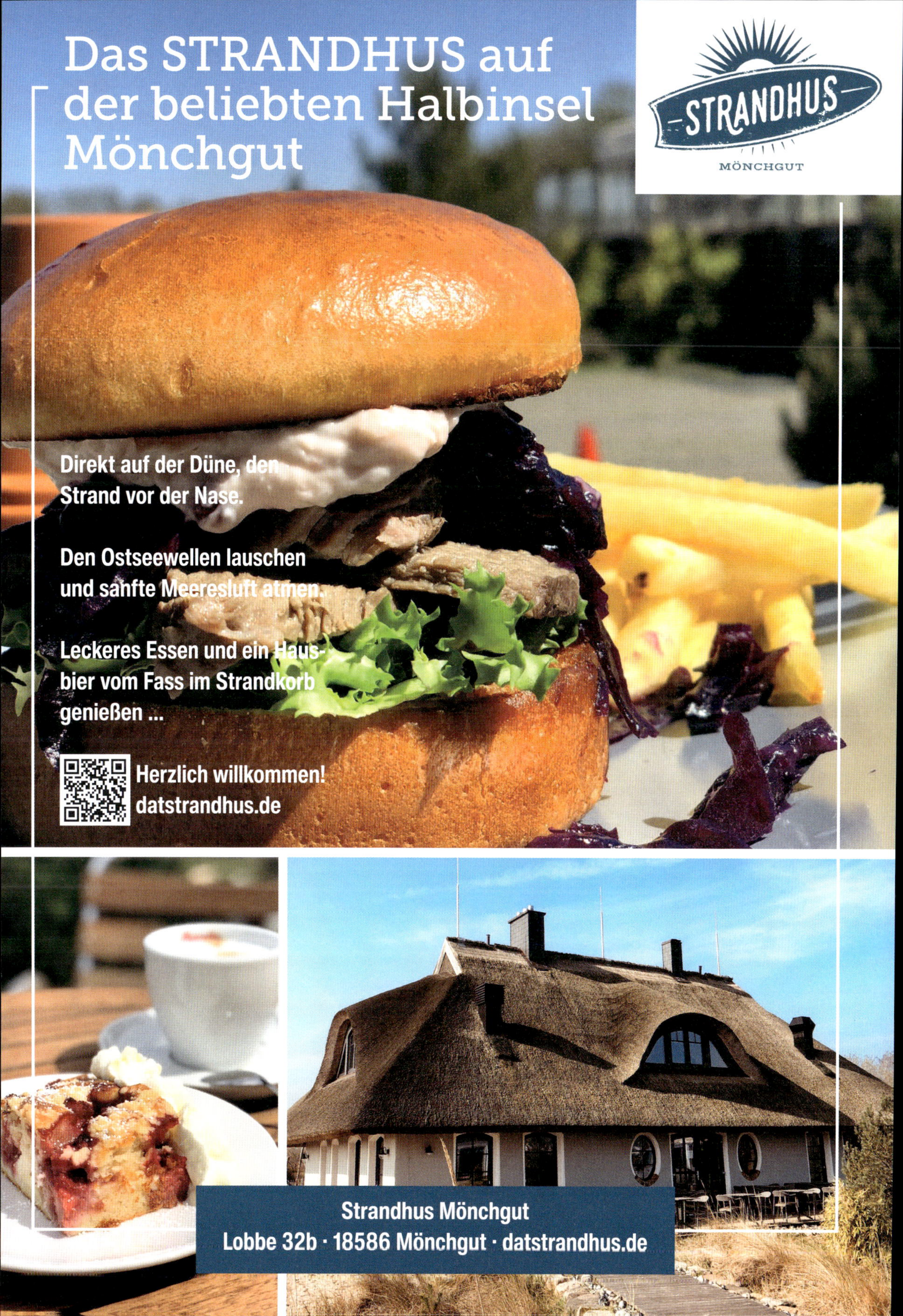
Das STRANDHUS auf der beliebten Halbinsel Mönchgut
STRANDHUS
MÖNCHGUT
Direkt auf der Düne, den Strand vor der Nase.
Den Ostseewellen lauschen und sanfte Meeresluft atmen.
Leckeres Essen und ein Hausbier vom Fass im Strandkorb genießen ...
Herzlich willkommen!
datstrandhus.de
Strandhus Mönchgut
Lobbe 32b · 18586 Mönchgut · datstrandhus.de

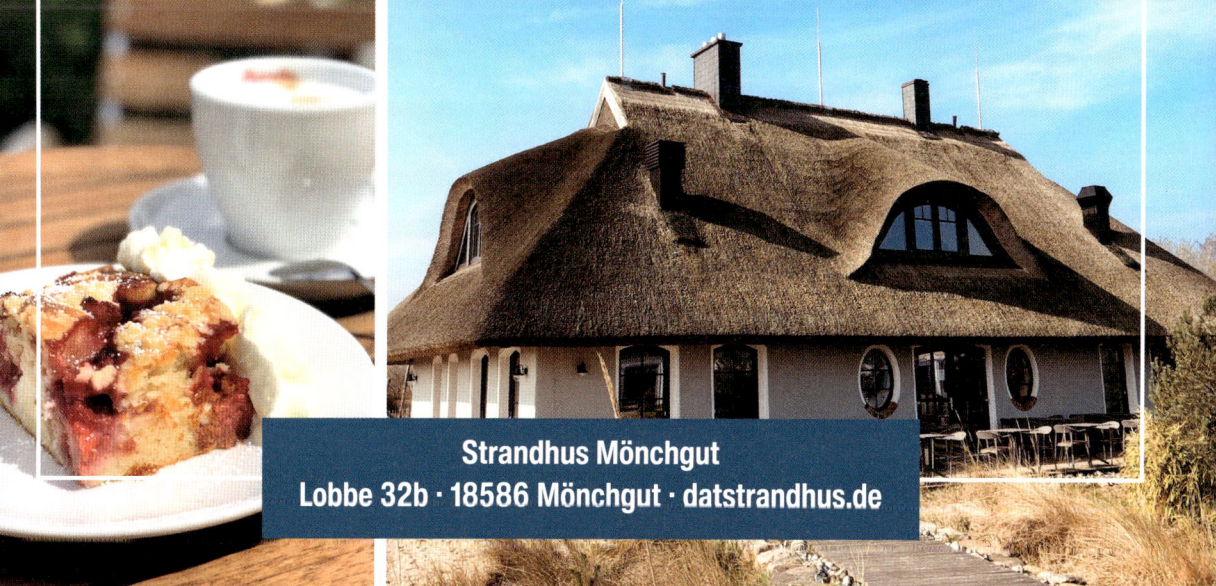

Im Osten der Insel

Prorer Wiek: Der 10 Kilometer lange und 40 Meter breite Sandstrand ist steinfrei und gilt als einer der schönsten Strände der Insel.

Ostseebäder Binz, Sellin, Göhren und Thiessow: In Binz erwartet Sie feinster Sandstrand und sogar spezielle Abschnitte für Hundebesitzer. Sellin bietet neben dem feinsandigen Strand eine wunderbare Kulisse mit der Seebrücke, und Göhren hat gleich zwei Strände, darunter einen Naturstrand. Thiessow wartet mit drei unterschiedlichen Stränden auf: Ost-Sandstrand mit Promenade, Südstrand mit Naturstrand und Weststrand mit Deich und Mole.

Im Süden der Insel

Palmer Ort: Der südlichste Badeplatz auf Rügen auf der Halbinsel Zudar bietet einen Naturstrand mit einem herrlichen Blick bis zum Festland.

In den Boddengewässern

Groß Stresow: Der Naturstrand Groß Stresow ist mit seinen kleinen Naturbuchten und dem flachen Boddengewässer besonders attraktiv und auch für Familien mit kleinen Kindern gut geeignet.

Lietzow am Großen Jasmunder Bodden: Dies ist der einzige größere Badestrand am Boddengewässer mit circa 500 Metern Länge. Zahlreiche weitere Bodden haben kleinere Strände, die manchmal sehr versteckt liegen.

DIE OSTSEEBÄDER

Die fünf Ostseebäder Binz, Sellin, Baabe, Göhren und Thiessow an der Süd-
ostküste der Insel sind ganz besondere Orte auf Rügen. Geschaffen während
der Jahrhundertwende des 19./20. Jahrhunderts verzaubern sie mit prunk-
vollen Schmuckstücken der Bäderarchitektur und lassen das mondäne
Leben der frühen Kurgäste mehr als nur erahnen. Weiße Villen, lichtdurch-
flutete Erker, verspielte Muster auf den Holzverkleidungen, Türmchen und
Säulen oder Skulpturen auf den Dächern – der Charme der Bäderarchitektur
ist einzigartig. In Binz verzaubern das Kurhaus mit dem Kurplatz und prächtige
Villen den Besucher, außerdem kann man hier zwei der drei Wolgasthäuser
der Insel entdecken – das dritte findet sich in Göhren. Göhren, Baabe und
Thiessow laden mit ihren liebevoll restaurierten Zuckerbäckerfassaden in
strahlendem Weiß ebenfalls zu einem Bummel ein. Besonderes sehenswert ist
die verspielte Schönheit der historischen Villen in Sellin sowie die Seebrücke,
die seit 1998 in ihrer historischen Gestalt von 1927 erstrahlt. Die feine Dame
ganz in weiß lädt zum Flanieren und Genießen, zu einer Ausflugsfahrt mit dem
Schiff oder auch zu herrlichen Konzerten ein.

Übrigens wartet auch die Altstadt von Sassnitz sowie die dortige Strand-
promenade mit sehr gut erhaltenen historische Villen im Stil der Bäderarchitektur auf.

SCHLÖSSER UND HERRENHÄUSER

Rügen wird von zahlreichen imposanten Schlössern und Herrenhäuser geziert, die den Charme längst vergangener Zeiten bewahrt haben. Wer sich auf eine spannende Zeitreise begeben und die geschichtlichen Bauten der Insel erkunden möchte, wird hier auf jeden Fall fündig. Einige der schönsten Schlösser listen wir hier auf.

Schloss Spyker: Dieses malerische Schloss aus dem 16. Jahrhundert besticht mit seiner kaminroten Schlossfassade und seinen einzigartigen Stuckdecken. Es ist mittlerweile ein Hotel.

Schloss Ralswiek: Das 1893 erbaute Schloss im Stil der Loire-Schlösser liegt traumhaft schön direkt am Großen Jasmunder Bodden. Auch dieses Schloss ist ein Hotel.

Jagdschloss Granitz: Das meistbesuchte Schloss der Insel wurde zwischen 1836 bis 1846 auf dem 103 Meter hohen Tempelberg inmitten des Granitzer Naturschutzgebietes errichtet. Es ist für Besucher geöffnet und bietet neben seiner spannenden Architektur, Ausstellungen und Sammlungen einen 38 Meter hohen sehenswerten Mittelturm. Wer die Wendeltreppe erklimmt, wird von der Aussichtsplattform mit einem einmaligen Blick auf die Insel Rügen belohnt.

Da sich zahlreiche Guts- und Herrenhäuser über ganz Rügen verteilen, lohnt es sich, auf Erkundungstour zu gehen. Die Gutshäuser Boldevitz, Klein Kubbelkow und Reischvitz bei Bergen, Gutshaus Karnitz bei Samtens, Gut Neddesitz bei Sagard, Gutshaus Bohlendorf bei Wiek sowie Gutshaus Pastitz bei Putbus seien hier als wunderbare Beispiele erwähnt.

STÄDTE UND DÖRFER

Garz: Die älteste und zugleich kleinste Stadt Rügens hat seit dem Jahr 1319 das Stadtrecht. Hier kann man zahlreiche historische Gebäude und einen Burgwall aus dem 8./9. Jahrhundert entdecken. Das idyllische Garz liegt an der Deutschen Alleenstraße, einer der vielen wunderschönen Alleen der Insel.

Putbus, die Residenzstadt der Fürstenfamilie zu Putbus: Die »Rosenstadt« der Insel verzaubert mit weißen, klassizistischen Häuser im historischen Zentrum und einem Schlosspark mit botanischen Raritäten.

Die Hafenstadt Sassnitz, die jüngste Stadt der Insel: Hier vereinen sich maritimes Flair mit wunderbarer Bäderarchitektur. Ein Spaziergang auf Europas längster Außenmole zum markanten, grün-weißen Leuchtturm gehört zu einem Besuch dazu.

Die »Hauptstadt« Bergen, die größte Stadt und einstige Kreisstadt: Die historische Innenstadt mit Bürgerhäusern im Fachwerkstil aus dem

17. und 18. Jahrhundert ist ebenso sehenswert wie die Kirche St. Marien, das älteste Bauwerk der Stadt, samt des vorgelagerten Klosterhofs.

Ganz besonders bezaubernd sind die wunderbaren kleinen Dörfer der Insel, die mit ihren reetgedeckten Häusern, Fachwerk- und Backsteingebäuden, wundervollen Gärten und kleinen Kirchen eine ländliche Dorfidylle zeigen, die einem Bilderbuch längst vergangener Epochen zu entstammen scheint. Sicher hat hier jeder Besucher seinen ganz besonderen Favoriten, wir möchten Ihnen daher nur zwei der Schmuckkästchen ans Herz legen:

Groß Zicker ist ein kleines Dorf im südlichen Teil des Mönchguts mit wunderschönen Reetdachhäusern mit bunten Bauerngärten und einer kleine Kirche aus dem 14. Jahrhundert.

Das Fischerdorf Vitt am Kap Arkona verzaubert mit alten Fischerhäusern mit ihren typischen Reetdächern, einem urigen Hafen und der sehr reizvollen Lage im Norden der Insel.

Nationalpark-Zentrum
Königsstuhl

Direkt am berühmten Kreidefelsen Königsstuhl mitten im UNESCO-Welterbe »Alte Buchenwälder« bietet das Nationalpark-Zentrum KÖNIGSSTUHL ein besonderes Naturerlebnis für jeden Nationalpark-Besucher. Der neu eröffnete schwebende Skywalk Königsstuhl bietet spektakuläre Ausblicke auf den Kreidefelsen, das Kliff und die Ostsee. Eine Welt voller Geheimnisse wartet in der Erlebnisausstellung darauf, entdeckt zu werden – mehrsprachig und barrierearm.

Ob zu Fuß, mit dem Rad oder dem Bus – das Zentrum ist auf vielen Wegen durch den wilden Wald am Meer erreichbar und ermöglicht mit seinem Führungs- und Veranstaltungsprogramm einen vielseitigen Tag am Königsstuhl bei jedem Wetter. Für die Stärkung aller Besucher gibt es im hauseigenen Bistro saisonale Suppen, regionale Gerichte und Sassnitzer Fischspezialitäten, die jeden kleinen und großen Hunger stillen.

Unser Tipp: Wandern Sie von Sassnitz entlang des Hochuferweges bis zum Königsstuhl (ca. 9 km).

Mehr Details und aktuelle Angebote finden Sie unter www.koenigsstuhl.com

DER SKYWALK

Seit April 2023 ist Rügen um eine spektakuläre Attraktion reicher: Der Skywalk über dem berühmten Kreidefelsen. Die Aussichtsplattform am Wahrzeichen Rügens besteht aus einem 185 Meter langen ellipsenförmige Rundweg, dem sogenannten Königsweg, der von einem riesigen Abspannmast gehalten über dem 118 Meter hohen Königsstuhl schwebt.

Ein Besuch im Nationalpark-Zentrum Königsstuhl lohnt sich ohnehin, nun sollte man unbedingt noch etwas mehr Zeit einplanen, um diese beeindruckende Konstruktion zu erleben und den traumhaften Ausblick zu genießen. Vom Skywalk aus bietet sich den Besuchern eine spektakuläre Aussicht über Deutschlands höchste Steilküste und ein unvergleichlicher Blick auf die Kreideküste, die Ostsee und das UNESCO-Weltnaturerbe Alte Buchenwälder. Diesen Spaziergang zwischen Himmel und Ostsee sollte man sich nicht entgehen lassen

Impressionen des Skywalks am Königsstuhl © Timm Allrich
Nationalpark-Zentrum Königsstuhl

RÜGEN
ALS REISEZIEL

Rügen ist einzigartig und immer eine Reise wert.

Auf dieser Insel erwartet den Besucher eine
außergewöhnliche Mischung aus atemberaubender
Natur, historischer Architektur, Kultur und idyllischen
Stränden. Und so hat Rügen für jeden Besucher etwas zu
bieten – für Naturliebhaber, Kulturinteressierte, Sportler,
Erholungssuchende und natürlich auch für Familien. Man
kann hier schwimmen, surfen, wandern, radeln, angeln,
reiten, kuren, steinzeitliche Entdeckungen machen,
historische Städte und Dörfer erkunden, über alte
Kopfsteinpflasterstraßen flanieren, bummeln, Festspiele,
Theater, Konzerte und Museen besuchen … und noch so
vieles mehr. Wie auch immer Ihre Urlaubswünsche sind – hier,
an einem der schönsten Reiseziele Deutschlands, erleben
Sie unvergessliche Momente.

WEGE AUF DIE INSEL

Rügen ist bequem mit dem Auto oder dem Zug zu erreichen. Seit 1936 ist die Insel durch den Rügendamm mit dem Festland verbunden und kann seitdem auf diese Weise mit Auto und Bahn angesteuert werden. 2007 wurde die Rügenbrücke eröffnet, sodass für den Autoverkehr nun zwei Wege über den Strelasund zur Verfügung stehen.

Für Fahrzeuge, also Autos, Wohnmobile und Wohnwagengespanne, bietet sich auch die Fähre von Stahlbrode (Festland) nach Glewitz auf Rügen an. Die Fähre verkehrt von April bis Oktober im 20-Minuten-Takt.

Für Zugreisende empfiehlt sich eine Anreise zu den Bahnhöfen Bergen, Binz oder Sassnitz, die von ICs und ICEs angefahren werden.

FORTBEWEGUNG AUF DER INSEL

Wer mit dem Auto auf Rügen ist, wird nach Abfahrt von der B96 von den wundervollen alten Landstraßen und zauberhaften Alleen begeistert sein. Bitte beachten Sie überall die Geschwindigkeitsbegrenzungen und dass auf Rügen mit Licht gefahren wird, denn die Polizei kontrolliert gerne und oft.

EXTRA-TIPP

Extra-Tipp für die An- oder Rückreise: Sollte Sie der Weg durch Berlin führen, finden Sie die unglaublich leckerste Currywurst Berlins bei Curry36 an vier Standorten in der Stadt. Von klassisch scharf über bio bis zu veggie. Unbedingt merken!

Infos unter www.curry36.de

Reisende ohne Auto finden auf der Insel ein gut ausgebautes Liniennetz des RPNV, des Rügener-Personen-Nah-Verkehrs, über das praktisch jeder Ort der Insel erreichbar ist. Busfahrpläne und Preise finden Sie unter www.vvr-bus.de.

Zugliebhaber werden sich sicher eine Fahrt mit dem »Rasenden Roland« nicht entgehen lassen. Die Schmalspurbahn mit dem historischen Dampfzug verkehrt ganzjährig alle zwei Stunden zwischen Putbus und Göhren, in der Hauptsaison stündlich. Diese gemächliche Fahrt in historischem Ambiente vorbei an romantischen Alleen und kleinen Dörfern, zum mondänen Ostseebad Binz, durch die abwechslungsreiche Wald- und Wiesenlandschaft nach Sellin und Baabe und schließlich durch die Baaber Heide nach Göhren ist Eisenbahnromantik pur.

Nicht minder romantisch sind Kutschfahrten auf der Insel, die von verschiedenen Höfen angeboten werden. So kann man eine Kutsch- oder Planwagenfahrt rund um das Kap Arkona auf dem Rügenhof in Putgarten buchen, im Osten der Insel auf dem Hof Viervitz oder dem Pferdehof Binz und im Westen bei der Haflingerzucht Ummanz.

ATTRAKTIONEN DER INSEL

Rügen hat für jeden was zu bieten – hier folgt eine Auswahl an interessanten Inselattraktionen nach Zielgruppen sortiert.

FÜR NATURLIEBHABER

- Der Nationalpark Jasmund mit Weltnaturerbe »Alte Buchenwälder«, Nationalpark Vorpommersche Boddenlandschaft, das Biosphärenreservat »Südost-Rügen« und die Naturschutzgebiete sind wahre Paradiese für Naturliebhaber.
- Etwa 120 geschützte Geotope (Findlinge, Hakenbildungen, Trockentäler, Kliffs) wollen erkundet werden.
- Auch die kilometerlangen Strände und die Boddenküste laden zu einem Ausflug in die Natur ein.
- Die spektakulären Kreidefelsen sollte jeder Naturfreund einmal gesehen haben.

- Wer Wälder liebt, kann neben den geschützten Buchenwäldern auch Küstendünen-Kiefernwälder sowie Erlenbruchwälder in den Rügener Mooren durchwandern.
- In vielen Regionen Rügens gibt es Meer- und Landvögel zu beobachten – von ganz klein bis mächtig groß.
- Geführte Robben-Expeditionen sind ein ganz besonderes Erlebnis.
- Kräuterwanderungen werden an zahlreichen Orten ebenfalls angeboten.

FÜR WANDERER

- Rügen bietet 800 Kilometer Rad- und Wanderwege in einzigartiger Natur.
- Besonders schön ist der vom Deutschen Wanderverband als Qualitätsweg ausgezeichnete Bodden-Panoramaweg.
- Wanderfreunde können wählen zwischen leichten und moderaten Touren, z. B. durch den Nationalpark Jasmund mit seinen Hügeln, der Kreideküste und dem Steinstrand oder begeben sich selbst auf Entdeckertour.
- Im Frühjahr gibt es den Wanderfrühling mit Touren zu romantischen und versteckten Orten auf der Insel.
- Im Herbst wird der Wanderherbst mit zahlreichen und kostenlosen Wanderungen angeboten.
- Inselweit gibt es 7 Erlebnispfade, ganzjährig zahlreiche geführte Touren.

FÜR ARCHITEKTUR-FANS

- Bäderarchitektur: Badehäuser, Hotels, Villen, z. B. in Sassnitz, Binz, Göhren, Sellin inkl. Seebrücke Sellin (s. S. 41)
- Putbus: eindrucksvolle klassizistische Stadtanlage
- Attraktive Altstädte und traditionelle Dörfer mit Reetdach-Häusern (s. S. 43)
- Rügenbrücke und Rügendamm
- Prora: denkmalgeschütztes Mega-Bauwerk der Nationalsozialisten, teilweise renoviert
- Münther-Turm in Binz

EXTRA-TIPP

Besucher des Ostseebads Göhren sollten sich ein Frühstück im »Emma« nicht entgehen lassen. Das Hotellädchen des Koopmanns verwöhnt Hotelgäste und Besucher von außerhalb täglich von 7:30 bis 13:00 Uhr mit einem reichhaltigen Frühstücksbuffet mit hausgemachten Salaten, süßen sowie herzhaften Backwaren, Müsli und Cerealien, Eierspeisen, Joghurt, regionalen Wurstwaren, Obst und selbstgemachten Marmeladen und natürlich Kaffee, Tee und Säften. Mit seinen zahlreichen Köstlichkeiten und dem charmantem Ambiente ist das Emma die neue Frühstücksadresse in Göhren.

Mit dem Gutschein auf S. 158 erhalten Sie 10 % Rabatt auf das Frühstück.

Mehr Infos unter www. koopmanns.de/de/laedchen/ fruehstueck

FÜR RADFAHRER

- Rügen verfügt über ein sehr gutes Radwegenetz (s. oben: rund 800 Kilometer Rad- und Wanderwege). Zudem verlaufen hier die letzten beiden Etappen des Radfernwegs Hamburg – Rügen.
- Entlang der Wege laden Museen, Ausflugsziele, Restaurant und Cafés zum Verweilen ein.
- Viele Anbieter an diversen Orten bieten einen Fahrradverleih an, für längere Touren stehen auch Elektrofahrräder zum Verleih.
- Von Mai bis Oktober verkehren die RADsfatz-Busse auf der Insel, mit denen die Fahrräder problemlos von A nach B transportiert werden können.
- Tour d'Allee: Boddenrunde auf dem Fahrrad (jährliche Veranstaltung; 125 km, 75 km, 45 km).

FÜR LANDSPORTLER

- Rügen ist ein Paradies für Reiter: Viele Pferde- und Reiterhöfe bieten Reitstunden und Wanderritte an; geführte Ausritte sind möglich; Reiten entlang der Ostseeküste, in den Wäldern und über die Wiesen mit atemberaubenden Panorama-Aussichten. Unser besonderer Tipp: Reiterhof P-Ranch in Alt Reddevitz auf der Halbinsel Mönchgut.
- Für Läufer bieten sich die Straßen und Wanderwege Rügens an, zudem gibt es einige Laufveranstaltungen, wie z. B. Kap-Arkona-Lauf (jährliche Veranstaltung; 10-Kilometer, Halbmarathon und Kinderlauf) oder Rügenbrücken-Marathon (Marathon, Halbmarathon, 10- und 6-km-Distanz – wahlweise auch als Walker –, spezielle Kinderlauf-Distanzen).
- Das Golf-Centrum Schloss Karnitz sowie der Golfplatz Schloss Ranzow sind ideal für Golfer geeignet, letzterer reicht bis an die Steilküste heran und bietet atemberaubende Ausblicke. Die Golfclubs- und plätze bieten einen Ausleihservice für das Equipment an.

FÜR WASSERSPORTLER

- Kein Ort auf Rügen ist weiter als sieben Kilometer vom Wasser entfernt – perfekt für Wassersportler.
- Man kann hier segeln, Kajak und Kanu fahren, Boote ausleihen oder auf begleitenden Törns mitsegeln.
- Zum Windsurfen und Kiten haben Surf- und Kiteschulen Kurse und den Verleih von Equipment im Angebot.
- Auch Wasserski und Wakeboardanlagen sind im Angebot.
- Rügen bietet reichlich Tauchreviere und ortsansässige Tauchschulen.

FÜR ANGLER

- Angeln auf Rügen ist ein echtes Highlight, nicht nur wegen der wunderschönen Natur, sondern auch wegen der vielen Fischarten.
- Angeln ist vom Boot, z. B. mit dem eigenen Boot oder einer organisierten Angelfahrt möglich. Die Touren werden zu den jeweiligen Fangzeiten von verschiedenen Häfen aus angeboten.
- Auch vom Ufer aus kann geangelt werden, beispielsweise in einigen der Boddengewässer.

- Bitte beachten: Fischereischein sowie eine Angelerlaubnis sind erforderlich, Schutzzonen und -bezirke sowie Schonzeiten sollten beachtet werden.

FÜR BADENIXEN

- Rund 60 Kilometer Strand (s. S. 38), darunter FKK- und Textilstrände und Hundestrände
- Familienfreundliche Strände, barrierefreie Strandzugänge und bewachte Strände
- Ausgezeichnete Badewasserqualität mit angenehmen Wassertemperaturen
- Einige der schönste Strände Deutschlands, s. Tipps auf S. 38–40

FÜR FAMILIEN

- Ferien auf dem Bauernhof, Camping-Urlaub, Ferienhaus-Urlaub
- Karls Erlebnisdorf in Zirkow
- Baumwipfelpfad mit 40 Meter hohem Aussichtsturm (Naturerbezentrum Prora)
- Erlebnisausstellung im Nationalpark-Zentrum Königsstuhl
- Dinosaurierland in Glowe
- Kletterwald BinzProra, Kletterpark Altefähr, Kletterwald in Bergen
- Galileo Wissenswelt in Binz
- Sandskulpturen-Festival in Binz und Sandskulpturen-Ausstellung Prora
- Fahrt mit dem »Rasenden Roland« und Museumsschiff Küstenfrachter Luise in Göhren
- Inselrodelbahn in Bergen
- Pirateninsel in Putbus: Indoorspielplatz und Haus »Kopf Über«
- Minigolfanlagen, z. B. die Abenteuer Golf-Anlage in Göhren inkl. Fußball-Billard

Baumwipfelpfad ©
Erlebnis Akademie AG/
Naturerbe Zentrum
Rügen

Der Rügen-Schmuck
mit echtem Strandsand®
veredelt mit 925er Sterlingsilber

NUR HIER ERHÄLTLICH!
Original
DÜR®
seit 1984
EXKLUSIVE ARTIKEL

zum Shop >

exklusiv erhältlich bei:

Strandstraße 11, Ostseebad Göhren
Tel.: 038308 91092 • Mobil: 0151 4224 73 95
E-Mail: dit-un-dat@t-online.de

www.strandsandschmuck.de

FÜR HOBBY-HISTORIKER

- Schlösser, Guts- und Herrenhäuser (s. S. 42)
- Verschiedene Museen, die Einblick in das frühere Leben der Handwerker, Bauern und Fischer bieten
- Restauriertes Zisterzienserinnenkloster in Bergen und viele alte Kirchen
- Großsteingräber, Hügelgräber und Findlinge (s. S. 34–36)
- Feuersteinfelder zwischen Mukran und Prora
- Slawenburg auf dem Rugard, Jaromarsburg der Slawen am Kap Arkona (s. S. 37) sowie slawischer Burgwall bei Garz

FÜR KULTURBEGEISTERTE

- Putbus Stadttheater: Spielstätte des Theaters Vorpommern
- Störtebeker-Festspiele auf der Freilichtbühne in Ralswiek
- Nationalpark-Theater am Königsstuhl
- Festspiele: Festspielfrühling, Festspiele Mecklenburg-Vorpommern mit hochkarätigen nationalen und internationalen Künstlern, Ostseefestspiele etc.
- Kirchen- und Musiksommer in den Kirchgemeinden auf der Insel
- Museen, Galerien, Ausstellungen, Ateliers an verschiedenen Orten
- Kabarett-Regatta im Herbst

FÜR ERHOLUNGSSUCHENDE

- Rügens stille Landschaften bieten entspannende Ruhepole: Kleine Dörfer, ruhige Hotels, abgelegene Strände gibt es trotz des umfangreichem Tourismusangebots.
- Viele Hotels bieten Wellness- und Spa-Landschaften mit abgestimmten Wohlfühlprogrammen an. Unser Tipp: Das wunderbare Vju-Spa mit Pool, Saunawelt und Ruhebereich sowie Kosmetik- und Körperanwendungen bietet ganzheitliche Wohlfühlerlebnisse, die für eine perfekte Auszeit sorgen (mehr unter www.vju-ruegen.de/de/wellness-spa).
- Die gesunde Ostseeluft und das milde Reizklima regen Durchblutung, Stoffwechsel und Abwehrkräfte an und machen den Kopf frei.
- Am Binzer Strand lädt eine ganz besondere Sauna ein: zwei historisch anmutende Badekarren direkt am Strand mit Meerblick.
- Yoga-Retreats und Yoga-Kurse am Strand im sonnenwarmen Sand sind auf Rügen ein wunderbares Erlebnis.
- Anwendungen mit Rügener Heilkreide verwöhnen die Haut und steigern das Wohlbefinden.

FÜR SCHATZSUCHER

- Bernstein sammeln am Strand: Das versteinerte Harz vorzeitlicher Nadelbäume ist eine wahre Ostseeschönheit und findet sich an vielen Stränden. Vor allem in den Wintermonaten wird viel Bernstein an die Strände gespült. Sie erkennen echten Bernstein daran, dass er im Wasser schwimmt und nicht untergeht, was Sie natürlich leicht in einem Wasserglas testen können.
- Auch ein Besuch des Bernsteinmuseums in Sellin lohnt sich.
- Ein Bummel durch die kleinen und größeren Läden Rügens lohnt sich immer, um Bernstein, Schmuck und echte Rügen-Produkte zu erwerben.

DIE KULINARISCHE VIELFALT DER INSEL

Rügen ist eine Insel für Genießer, die kulinarische Hochgenüsse verspricht. Hier finden Sie vom kleinen Fischimbiss über das süße Café bis hin zum Sternerestaurant alles, was das Herz (und der Magen) begehrt. Dabei warten nicht nur die Gastronomen mit einer Vielfalt an regionalen Produkten auf, sondern auch zahlreiche Höfe, Direktanbieter, Läden und Märkte.

Hier können Sie sich auf deftige Ackerzutaten, wie Kartoffeln, Rüben und Kohl, ebenso wie auf zarten Spargel und aromatische Erdbeeren und auf fangfrischen Fisch und Fleisch von den Nutztieren der Insel freuen – alles, was auf der Insel wächst und gedeiht, landet in köstlichen Kreationen auf den Tellern der Küchenchefs und wird auch lokal vertrieben. Genuss ist hier garantiert.

WAS ISST MAN AUF RÜGEN?

Wer an Rügen denkt, denkt natürlich zuerst an Fisch – und das völlig zu Recht. Denn je nach Saison landen hier frisch in der Ostsee gefangener Hering, Zander, Dorsch, Hornfisch, Flunder oder Steinbutt auf den Tellern. Die Boddengewässer sind berühmt für ihren Reichtum an Süß- und Salzwasserfischen, wie Aal, Barsch, Meerforelle, Hecht, Meeräsche, Scholle und Zander. Der Klassiker unter den Fischgerichten ist zweifelsohne das beliebte Fischbrötchen, das man am Strand, an den Häfen und natürlich auch in ganz vielen Ortschaften direkt auf die Hand bekommt. Ein absolutes Highlight ist der Räucherfisch frisch aus dem Ofen mit selbst gebackenem Brot, der z. B. auf dem Markt in Thiessow angeboten wird. Der beliebte Rügener Kochfisch oder eine gebratene Flunder mit Bratkartoffeln und Gurkensalat – in den Gaststätten und Restaurants ist die Auswahl an traditionellen und feinen Fischgerichten so groß, dass für jeden Geschmack etwas dabei ist. Eine saisonale Delikatesse im Frühling ist der Hornfisch, den jeder einmal probiert haben sollte.

Und auch die Meeresfrüchte sind auf Rügen ein Genuss. Die Auswahl an frischen Meeresfrüchten sucht ihresgleichen. Wer einmal ein Krabbenbrötchen mit seinem zarten Krabbenfleisch direkt am Hafen gegessen hat, wird garantiert zum Wiederholungstäter.

Die Rügener Küche ist also aufgrund der Insellage stark von maritimen Einflüssen geprägt, aber natürlich findet man hier auch anderes. Fleischgerichte in traditioneller und moderner Interpretation mit Lamm, Wildbret, Rind, Schwein und Geflügel von der Insel stehen in ihrer Köstlichkeit

EXTRA-TIPP

Die aufregenden und geschmackvollen Meersalz-Kreationen der Rügener Manufaktur Insel-Salz mit einer Mischung aus Meersalz und Ostseesalz werden mit regionalen Zutaten veredelt, wodurch einmalige Gewürz- & Salz-Kreationen entstehen.

Sie können die Insel-Salze in ausgewählten Spezialitäten-Geschäften auf Rügen sowie online unter www.insel-salz.de erwerben.

Für Ihren Online-Einkauf finden Sie einen Gutschein auf S. 158.

EXTRA-TIPP

In der Hofmanufaktur Rügen auf der Halbinsel Mönchgut werden seit 2019 in traditioneller Handwerksarbeit verschiedene, schmackhafte Produkte hergestellt. Hier finden Sie handgemachte Fruchtaufstriche aus verschiedenen Früchten mit sehr hohem Fruchtanteil, köstliche Sirupe, mit denen Getränke und viele andere Dinge verfeinert und aromatisiert werden können, sowie leckeren Balsamico-Essig und Himbeer-Balsamico, der sich durch seinen sehr markanten Geschmack mit nur wenig Säure auszeichnet.

Einen Gutschein für Ihren Online-Einkauf finden Sie auf S. 158.

Mehr Informationen im Online-Shop auf http://www.hofmanufaktur-ruegen.de

den Meeresfrüchte-Gerichten in nichts nach. Ob es nun ein Wildschweinbraten, ein Lammfleischgericht, die Granitzscher Hirschrouladen, Kaninchen mit Pflaumen oder ein Rügener Gänsebraten ist – auch Fleischliebhaber dürfen auf Rügen nach Lust und Laune schlemmen. Und mit den köstlichen Produkten der regionalen Landwirte – von Kartoffeln über zahlreiche Gemüsesorten, allen voran Kohl und Spargel, alte Obstsorten, Beeren, Holunder und Sanddorn – zaubern die Köche und Bäcker der Insel vegetarische Gerichte, deftige Hausmannskost, ganz feine Beilagen und Gemüsegerichte, köstliche Nachtische und Kuchen in unvergleichlich leckerer Qualität.

Natürlich hat sich auch Rügens Kochkultur im Laufe der Jahre gewandelt und moderne Einflüsse aus aller Welt aufgenommen, doch die alte, regionale Küche mit ihren traditionellen Gerichten findet man immer noch auf der Insel – und sie ist es wert, erhalten zu bleiben und immer wieder genossen zu werden.

Dabei wartet die traditionelle Rügener Küche mit einer Besonderheit auf, die man in manch anderen Regionen Deutschlands nicht kennt: Die Insulaner mögen es süßsauer, reichen oftmals Obstbeilagen zu herzhaften Gerichten und kochen zudem viele Speisen mit Obst. Da kommen gerne Pflaumen, Rosinen oder Äpfel zum Braten, zum Fisch oder in den Eintopf, oder es gibt ein Obstkompott als Beilage, wie beim delikaten gebratenen Hornfisch mit Bratkartoffeln und Rhabarber-Kompott.

Bei dieser appetitlichen Vielfalt auf Rügen kann man es nur mit einem typischen Rügener Ausspruch sagen: Sök di wat ut!

Diese typischen Gerichte sollten Sie auf Rügen unbedingt probieren:

- Rügener Aalsuppe
- Pellkartoffeln mit Quark
- Klassisches Bauernfrühstück (gebratene Kartoffeln mit Eiern und Speck)
- Räucherfisch
- Eingelegter Bismarckhering
- Senfeier Rügener Art
- Spargel von der Halbinsel Ummanz
- Graue Klöße
- Granitzscher Hirschrouladen
- Hornfisch mit Rhabarber
- Pommersche Schmandklopse
- Kohlsuppe mit Rügener Lammfleisch
- Schwarzsauer (traditionelle Blutsuppe)
- Falscher Gänsebraten (gefüllter Schweinerippenbraten)
- Wildschweinbraten mit Rotkohl
- Zwetschen un Klüt (gekochte Zwetschgen in Fruchtsoße mit Mehlklößchen)
- Fliederbeersuppe mit Grießklößchen
- Rote Grütze

EXTRA-TIPP

Besondere Genuss-momente auf Rügen bietet das Vju Hotel im hauseigenen Restaurant »Strandläufer«, wo Sie regionale, nationale und internationale Köstlichkeiten genießen können. In der gemütlichen Hotelbar lässt es sich außerdem herrlich bei einem Cocktail, Longdrink, Bier oder Wein entspannen. Für schöne Sonnenmomente empfiehlt sich ein Besuch der Seeblick-Terrasse, wo Sie sich relaxed in einem der Strandkörbe zurücklehnen und den Blick über das Meer schweifen lassen können.

Unter www.vju-ruegen.de erfahren Sie mehr dazu.

EXTRA-TIPP

Wer Lust auf richtig leckeres Rügener Essen hat, sollte unbedingt in einem der Standorte des Strandhus vorbeischauen. Im Strandhus auf der Halbinsel Mönchgut, im Café Pier13 in Sassnitz und im Strandcafé De Düün in Glowe erwartet Sie natürliche, originelle und frische Küche, die direkt vor Ihren Augen zubereitet wird. Hier fühlt sich die ganze Familie wohl und kann sich von den leckeren Spezialitäten von frisch gemachten Schnitzeln und Burgern, Fish´n´Chips, leckeren Nudelgerichten über hausgemachte Limonade und Eiscreme bis hin zu richtig gutem Kuchen mit köstlichem Kaffee verwöhnen lassen.

Schauen Sie mal vorbei und lösen Sie dabei direkt auch Ihren Gutschein ein, den Sie am Ende des Buches finden, mit dem Sie eine kostenlose 0,3 l hausgemachte Zitronenlimonade erhalten.

Informationen auf datstrandhus.de

PRODUKTE DER INSEL

Auf Rügen haben regionale Erzeugnisse aus nachhaltiger Produktion einen sehr hohen Stellenwert. Daher haben sich viele Landwirte auf der Insel auf die Herstellung von Bio-Produkten spezialisiert und nutzen die natürlichen Ressourcen Rügens. Und so gibt es Getreide, Obst und Gemüse, Fleisch und Wurst, Molkereiprodukte, Honig, Öl und selbstverständlich eingelegten und geräucherten Fisch aus eigener Inselproduktion.

Zu den typischen regionalen Produkten der Insel zählen u. a.:

- Fangfrischer Fisch und Meeresfrüchte sowie Räucherfisch
- Wildbret aus Rügens Wäldern
- Fleisch von heimischen Nutztieren, wie Lamm, Rind und Schwein, oftmals von den Salzwiesen
- Eier und Geflügel
- Molkerei- und Käseprodukte von der Insel
- Produkte aus Sanddorn und anderen Wildfrüchten, wie Holunder
- Wildkräuter
- Saisonales Gemüse, wie Kohl in verschiedenen Sorten, Rüben, Spargel und auch Kartoffeln
- Beerenobst, z. B. sommerfrische Erdbeeren
- Viele alte Obstsorten

- Säfte, Fruchtaufstriche und Chutneys
- Heimischer Honig
- Obstessig, Fruchtsäfte und -weine, Liköre und Brände
- Insel-Bier
- Nudeln aus Rügener Getreide
- Rügener Salz- und Gewürzmischungen
- Rügener Rapsöl
- Rügener Heilkreide
- Zahlreiche Gebäcke, wie frisches Brot, Rügener Kekse, Kuchen und Torten

Diese Aufzählung erhebt keinen Anspruch auf Vollständigkeit, sie soll lediglich die Vielfalt an regionalen hochwertigen Lebensmitteln verdeutlichen – sicher finden Sie bei einem Bummel über einen der Rügener Märkte, Höfe oder in dem ein oder anderen Rügener Laden noch weitere Köstlichkeiten, die es zu entdecken gibt.

DIE MARKENZEICHEN FÜR KULINARISCHE TRADITION

Damit leicht zu erkennen ist, welche Produkte den hohen Qualitätsstandards entsprechen, werden diese vom Rügen Produkte Verein e. V. überwacht und kontrolliert und mit dem Siegel »Rügen Produkt« oder »Original Rügen Produkt« ausgezeichnet. Auch das Siegel »Regionale Eßkultur« zeigt, dass es sich um regionale und einheimische Spezialitäten der Insel handelt. Das Konzept der regionalen Esskultur wurde 1995 in Schweden und Dänemark gemeinsam entwickelt und hat sich mittlerweile europaweit ausgedehnt. Ziel ist die Unterstützung lokaler Produzenten sowie ein Netzwerk dieser mit Hofläden, Verarbeitern und Restaurants.

Mit dem Logo »Regionale Eßkultur Rügen« präsentieren sich gut 20 Rügener Unternehmen – regionale Produzenten, Hofläden und Restaurants – mit leckeren Inselprodukten sowie mit daraus zubereiteten regional-typischen Gerichten.

RÜGENER KÜCHE FÜR ZU HAUSE

Rügen ist die Insel für Genießer, und hier zu essen und zu trinken, das ist eine wahre Genussreise zwischen bodenständiger Insel-Tradition und modernen Gerichten, zubereitet aus den vielfältigen, weitestgehend naturbelassenen Produkten der Insel Rügen. Diese Genüsse können Sie auch nach Ihrer Rügen-Reise zu Hause genießen. Dafür stellen wir Ihnen auf den folgenden Seiten Gerichte vor, die die Rügener Esskultur auch zu Ihnen bringen können – ob Sie sich nun als Rügen-Fan zu Hause oder in Ihrer Ferienwohnung auf der Insel befinden.

Alle Rezepte sind leicht nachzukochen, mit Zutaten, die typisches Rügen-Flair verbreiten. Bedienen Sie sich an allem, was Sie – auch in Ihrer Heimatregion – regional und saisonal bekommen. Kaufen Sie das ein oder andere vielleicht während Ihres Urlaubs auf der Insel ein und nehmen es mit nach Hause, oder bestellen Sie die typischen Rügen-Produkte ganz bequem online nach Hause. Dazu finden Sie über das gesamte Buch verteilt diverse Einkaufstipps zu den verschiedenen Produkten, damit Sie auch nach Ihrem Urlaub noch Rügen auf dem Teller genießen können. Wir wünschen Ihnen viel Freude beim Kochen und einen guten Appetit!

RÜGENER REZEPTE

Holen Sie sich ein Stück Rügen nach Hause.
Die Liebe zu dieser schönen Insel geht unbedingt auch durch
den Magen, und sicher haben Sie bei
Ihrem Besuch ganz wunderbare und abwechslungsreiche
Köstlichkeiten genossen.

Hier stellen wir Ihnen ein Potpourri an Gaumenfreuden
vor, inspiriert von der vielfältigen Küche Rügens –
so lässt es sich zurückträumen in den letzten Urlaub, so
können Sie sich vorausfreuen auf Ihre nächste Auszeit auf
der Insel.

SANDDORN AUF EIS

Für 2 Personen, Zubereitungszeit: 5 Minuten

Die Sanddornbeeren waschen und trocken tupfen.

Den Sanddornsaft mit dem Ananassaft und dem Mineralwasser verrühren.

2 Gläser mit Eiswürfeln (Menge nach Belieben) auffüllen und die Sanddornbeeren hineingeben.

Anschließend die Gläser mit dem vorbereiteten Drink auffüllen und kalt genießen.

50 g Sanddornbeeren
1 EL Sanddornsaft
50 ml Ananassaft
200 ml Mineralwasser,
    spitzig
Eiswürfel, nach Belieben

INSEL-WASSER

Für 2 Personen, Zubereitungszeit: 10 Minuten

Die Minze waschen, trocken tupfen und die Blättchen abzupfen. Die Himbeeren waschen und
trocken tupfen. Die Zitrone heiß abwaschen,
trocken reiben und in dünne Scheiben schneiden.

Mineralwasser, Zitronenlimonade und Tonic Water
miteinander verrühren.

2 Gläser mit Eiswürfeln (Menge nach Belieben)
auffüllen und die Himbeeren und Zitronenscheiben hineingeben.

Die Gläser mit dem vorbereiteten Drink auffüllen
und mit der Minze anrichten.

¼ Bund Minze
50 g Himbeeren
1 Bio-Zitrone
200 ml Mineralwasser,
    spritzig
100 ml Zitronenlimonade
50 ml Tonic Water
Eiswürfel, nach Belieben

Der Geschmack der Insel

5€, wenn du mich aufmachst, wirklich!

...und wehe, das stimmt nicht...

LOBBE
Walfisch

BAABE
Strandstraße

MUKRAN
Feuersteinfelder

GLOWE
Alte Feuerwehr

SANDDORN-SHOT

Für 2 Personen, Zubereitungszeit: 5 Minuten

Den Ingwer schälen und fein reiben. Die Limette auspressen.

Den Limettensaft, Sanddornsaft und Orangen-saft miteinander verrühren und anschließend den Ingwer und den Honig unterrühren.

Nun den Shot auf 2 Gläser verteilen und mit dem Mineralwasser auffüllen.

1 Stück Ingwer, walnuss-
   groß
1 Limette
60 ml Sanddornsaft
200 ml Orangensaft
1 EL Honig
200 ml Mineralwasser,
   spritzig

ERDBEER-RHABARBER-MARMELADE MIT LAVENDEL

Für 5 Gläser (à ca. 350 ml Inhalt), Zubereitungszeit: 30 Minuten

Die 5 Gläser und die Deckel mit kochendem Wasser überbrühen, dann auf einem sauberen Geschirrtuch abtropfen lassen.

Die Erdbeeren waschen, putzen und klein schneiden. Den Rhabarber waschen, putzen, schälen und in kleine Stücke schneiden. Beides in einen Topf geben. Die Vanilleschote längs aufschneiden und das Mark herausschaben. Das Vanillemark und die Schote in den Topf geben. Die Zitrone auspressen und den Saft in den Topf gießen.

Alles zusammen unter Rühren circa 5 Minuten köcheln lassen, bis der Rhabarber weich ist.

Dann die Vanilleschote herausnehmen und das Obst nach Belieben mit einem Stabmixer pürieren – wer es stückig mag, kann das Pürieren ganz weglassen, wer keine Stücke mag, kann die Marmelade glatt pürieren.

Nun den Gelierzucker zugeben und bei starker Hitze unter ständigem Rühren 3 Minuten kochen lassen. Anschließend sofort die klein geriebenen Lavendelblüten unterrühren und die Marmelade randvoll in die vorbereiteten Gläser füllen und verschließen. Die Gläser etwa 5 Minuten auf den Kopf stellen, dann umdrehen und vollständig auskühlen lassen.

600 g Erdbeeren
600 g Rhabarber
1 Vanilleschote
½ Bio-Zitrone
500 g Gelierzucker, 2:1
1–2 TL Lavendelblüten, getrocknet, Menge nach Geschmack

SANDDORNMARMELADE

**Für 4 kleine Gläser (à ca. 200 ml Inhalt),
Zubereitungszeit: 30 Minuten (ohne Wartezeit)**

Die 4 Gläser und die Deckel mit kochendem
Wasser überbrühen, dann auf einem sauberen
Geschirrtuch abtropfen lassen.

Die Sanddornbeeren waschen und trocken
tupfen. Die Limette heiß abwaschen und trocken
reiben. Die Schale abreiben und den Saft auspressen. Die Sanddornbeeren, den Limettenabrieb
und -saft, den Sanddornsaft und den Gelierzucker
in einen Topf geben und vermischen. Die Mischung
zugedeckt 30 Minuten stehen lassen, bis sich der
Zucker aufgelöst hat. Die Sanddornsaftmischung
unter Rühren zum Kochen bringen und 4 Minuten
sprudelnd kochen lassen, dabei ständig weiter-
rühren. Dann den Orangenlikör unterrühren und
noch einmal kurz aufkochen lassen.

Die Marmelade randvoll in die vorbereiteten Gläser füllen, verschließen und
etwa 5 Minuten auf den Kopf stellen. Anschließend die Gläser umdrehen und
vollständig auskühlen lassen.

30 g Sanddornbeeren
1 Bio-Limette
500 ml Sanddornsaft
250 g Gelierzucker, 2:1
2 EL Orangenlikör

HOLUNDERMARMELADE

Für 7 Gläser à ca. 400 ml Inhalt,
Zubereitungszeit: 45 Minuten

Die Gläser wie im letzten Rezept beschrieben vorbereiten.

Die Holunderbeeren von den Rispen zupfen, grüne Beeren aussortieren, den Rest waschen. Am Ende sollten es 2 kg Beeren sein. Die Zitrone halbieren und auspressen.

Die Beeren mit dem Wasser in einen großen Kochtopf geben, aufkochen lassen und unter Rühren 15 Minuten köcheln lassen, bis der Saft der Beeren austritt.

Danach die Beeren mit einem Kartoffelstampfer etwas zerdrücken.

Saft mit der gleichen Menge Gelierzucker in einem Topf mit dem Zitronensaft kurz aufkochen. Für 2 Minuten köcheln lassen.

Die Marmelade randvoll in die vorbereiteten Gläser füllen, verschließen und etwa 5 Minuten auf den Kopf stellen. Anschließend die Gläser umdrehen und vollständig auskühlen lassen.

gut 2 kg Holunderbeeren
1 Bio-Zitrone
10 EL Wasser
800 g Gelierzucker, 2:1

RÄUCHERFISCH-PATÉ

Für 2–4 Personen, Zubereitungszeit: 20 Minuten

Die Forellenfilets in Stücke schneiden. Den Thunfisch abtropfen lassen. Die Kresse waschen und trocken tupfen.

Forelle, Thunfisch, Frischkäse, Crème fraîche und Zitronensaft in einen Mixer geben und zu einer cremigen Masse pürieren. Anschließend kräftig mit Salz, Pfeffer und Zucker abschmecken.

Das Vollkornbrotbaguette eventuell noch einmal kurz im Backofen aufbacken. Dann in Scheiben schneiden.

Die Paté auf die Brotscheiben streichen, etwas bunten Pfeffer darübermahlen und die Kresse darauf anrichten.

200 g Forellenfilets,
   geräuchert
100 g Thunfisch naturell,
   aus der Dose
¼ Bund Kresse
100 g Frischkäse, 16 %
   Fett i. Tr.
2 EL Crème fraîche
2 Spritzer Zitronensaft
Salz & Pfeffer
1 Prise Zucker
1 Vollkornbaguette
bunter Pfeffer, aus der
   Mühle

WÜRZIGER FRISCHKÄSEAUFSTRICH

Für 2 Personen, Zubereitungszeit: 10 Minuten

Den Frischkäse und den Joghurt verrühren. Den
Knoblauch schälen, durch eine Presse dazu-
drücken und unterrühren. Mit Salz und Pfeffer
abschmecken.

Die Avocado halbieren und den Kern entfernen.
Die Hälften schälen und in dünne Scheiben
schneiden. Mit dem Aceto Balsamico beträufeln.

Die Erbsensprossen waschen und trocken tupfen.

Das Baguette eventuell noch einmal kurz
im Backofen aufbacken, dann in Scheiben
schneiden.

Den Frischkäseaufstrich auf die Baguettescheiben streichen und mit Avocado, Erbsensprossen und Sesam anrichten.

EXTRA-TIPP

Auf Rügen finden Sie köstliche regionale
Molkereiprodukte, wie beispielsweise
inselfrischen Frischkäse und Joghurt, die
Sie für dieses Rezept verwenden können.
Ein Besuch im Hofladen der Molkerei in
Poseritz lohnt sich bei Ihrem Besuch auf
jeden Fall.

100 g Frischkäse, 16 %
    Fett i. Tr.
50 g Joghurt, 3,5 % Fett
1 kleine Knoblauchzehe
Salz & Pfeffer
1 Avocado
1 TL Aceto Balsamico
    bianco
25 g Erbsensprossen
1 Baguette
2 EL schwarzer Sesam

GRÜNE PAPRIKA-SPINATCREME

Für 2 Personen, Zubereitungszeit: 15 Minuten

Den Spinat verlesen, waschen und trocken tupfen. Einige Blättchen für die Deko beiseitelegen. Die Paprikaschote putzen, waschen und in kleine Stücke schneiden. Die Chilischote putzen, die Kerne entfernen und waschen. Eine Hälfte in Ringe schneiden, die andere Hälfte fein hacken.

Die Limette waschen, trocken tupfen und halbieren. Eine Hälfte in Scheiben schneiden, von der anderen Hälfte den Saft auspressen. Den Rosmarin waschen und trocken schütteln. Die Stiele von einem Zweig abstreifen und hacken. Die restlichen Zweige etwas zerkleinern. Den Feta zerbröckeln.

Den Spinat mit Paprika, gehackter Chili, gehacktem Rosmarin, Feta und Crème fraîche in einen Mixer geben und fein pürieren. Den Aufstrich mit dem Limettensaft sowie etwas Salz und Pfeffer abschmecken.

Das Baguette eventuell noch einmal kurz im Backofen aufbacken, dann in Scheiben schneiden.

Den Aufstrich auf die Baguettescheiben streichen und mit den zurückbehaltenen Spinatblättern, Chiliringen und Rosmarin anrichten. Die Limettenscheiben zum Beträufeln danebenlegen und servieren.

60 g Blattspinat
1 kleine grüne Paprikaschote
1 grüne Chilischote
1 Bio-Limette
4 Zweige Rosmarin
50 Feta
100 g Crème fraîche
Salz & Pfeffer
1 Vollkornbaguette

ROTE BETE-HUMMUS

Für 2 Personen, Zubereitungszeit: 20 Minuten

Das Ei hart kochen. Die Rote Bete abtropfen lassen und klein schneiden. Die Kichererbsen in ein Sieb abgießen, mit kaltem Wasser abspülen und abtropfen lassen. Den Feta zerbröckeln.

Die Rote Bete mit den Kichererbsen, dem Feta und der Crème fraîche in einen hohen Rührbecher geben. Die Hälfte der Kürbiskerne und der Sonnenblumenkerne dazugeben und mit dem Schneidstab fein pürieren. Den Hummus mit Salz und Pfeffer abschmecken.

Die Erbsensprossen waschen und trocken schütteln. Das Ei pellen und in Scheiben schneiden.

Die Brotscheiben rösten und mit dem Hummus bestreichen. Die Eischeiben sowie die Erbsensprossen darauf verteilen. Mit den restlichen Kürbiskernen, Sonnenblumenkernen und dem Sesam bestreuen und servieren.

1 Ei, Größe M
150 g Rote Bete, vor-
    gegart
50 g Kichererbsen, aus
    der Dose
100 g Feta
50 g Crème fraîche
20 g Kürbiskerne
20 g Sonnenblumenkerne
Salz & Pfeffer
15 g Erbsensprossen
4 Scheiben Bauernbrot
je 1 TL helle und
    schwarze Sesamsamen

SANDDORNÖL

Für ca. 300 ml, Zubereitungszeit: 10 Minuten (ohne Ruhezeit)

Vorab alle Arbeitsgeräte, Gläser und Behälter mit Alkohol desinfizieren.

Die Sanddornbeeren verlesen, waschen, in einen hohen Rührbecher geben und mit dem Schneidstab pürieren. Dann durch ein feines Sieb streichen und in ein Schraubglas geben.

Das Basisöl vorsichtig auf etwa 40 Grad erwärmen und damit das Sanddornbeerenpüree im Schraubglas übergießen.

Etwa 14 Tage an einem kühlen, dunklen Ort lagern. Das Glas immer wieder schütteln, damit sich die Wirkstoffe besser lösen.

Danach alles durch ein feines Sieb filtern und in Flaschen abfüllen. Im Kühlschrank aufbewahren.

100 g Sanddornbeeren
200 ml Bio-Basisöl,
     z. B. Olivenöl, Lein-,
     Sesam-, Sonnen-
     blumen- oder Mandelöl

TIPP

Das Sanddornöl passt hervorragend zu Salaten und kalten Gerichten.

INSEL-KRÄUTERESSIG

Für 1 Schraubglas, Zubereitungszeit: 5 Minuten

Die gut getrockneten Kräuter in ein verschließbares Glasgefäß geben, den Essig darübergießen, das Glas verschließen und mindestens einen Monat kühl und dunkel stehen lassen.

Anschließend den Essig über einem feinen Sieb abgießen und somit filtern und in eine saubere Glasflasche geben.

Bei kühler und dunkler Aufbewahrung ist der Essig mindestens 1 Jahr haltbar.

1 Handvoll Kräuter,
getrocknet,
z. B. Thymian
400 ml Basis-Essig,
z. B. Apfelessig

FRUCHTIGE TOMATENSUPPE

Für 2 Personen, Zubereitungszeit: 35 Minuten

Die Tomaten einritzen, mit kochendem Wasser überbrühen und kalt abschrecken. Anschließend die Tomaten häuten und in Stücke schneiden.

Das Basilikum und den Thymian waschen, trocken tupfen und die Blättchen abzupfen. Die Zwiebel und den Knoblauch schälen und fein würfeln.

Das Öl in einer Pfanne erhitzen und darin die Zwiebel- und Knoblauchwürfel andünsten. Das Tomatenmark dazugeben und anschwitzen. Dann die klein geschnittenen Tomaten, die Gemüsebrühe, den Orangensaft, die Hälfte des Basilikums und den Thymian hinzufügen und zugedeckt etwa 20 Minuten köcheln lassen. Zwischendurch umrühren und zum Schluss fein pürieren.

Die Suppe mit dem Selliner Seebrückensalz abschmecken.

In Schüsseln geben, den Oregano darüberstreuen, etwas bunten Pfeffer darübermahlen, mit dem restlichen Basilikum anrichten und servieren.

500 g Fleischtomaten
½ Bund Basilikum
3–4 Zweige Thymian
1 rote Zwiebel
1 Knoblauchzehe
2 EL Olivenöl
1 TL Tomatenmark
200 ml Gemüsebrühe
50 ml Orangensaft
Insel-Salz Selliner
    Seebrückensalz, nach
    Belieben
½ TL Oregano, getrocknet
    bunter Pfeffer, aus der
    Mühle

ROTE LINSENCREME

Für 2 Personen, Zubereitungszeit: 30 Minuten

Die Linsen in einem Sieb waschen und abtropfen lassen. Die Kartoffeln schälen, waschen und in kleine Stücke schneiden. Die Möhren putzen, schälen und in Scheiben schneiden. Die Zwiebel und den Ingwer schälen und fein würfeln

Das Öl in einer Pfanne erhitzen und darin die Zwiebel- und Ingwerwürfel andünsten. Die Kartoffeln und die Möhren dazugeben und ebenfalls kurz andünsten. Dann die Brühe dazugießen und aufkochen lassen. Nun die Linsen hineingeben und alles etwa 15 Minuten köcheln lassen.

Die Suppe mit dem Schneidstab pürieren. Sollte sie zu dick sein, einfach noch etwas heiße Gemüsebrühe unterrühren.

Die Petersilie waschen, trocken tupfen und die Blättchen abzupfen.

Die Suppe mit Salz, Pfeffer und Essig abschmecken. Mit der Petersilie anrichten.

250 g rote Linsen
150 g Kartoffeln, mehlig-
    kochend
2 Möhren
1 Zwiebel
1 Stück Ingwer, walnuss-
    groß
1 EL Olivenöl
500 ml Gemüsebrühe
2 Zweige Petersilie
Salz & Pfeffer
Weißweinessig, zum Ver-
    feinern

WEINWIRTSCHAFT

10% RABATT *

MEIN HEIMATHAFEN FÜR GENUSS & MEER.

Nehmen Sie Platz am obersten Ende der Wilhelmstraße. Von Mai bis Oktober lockt die große Sonnenterrasse an die frische Luft. Bei bestem Meerblick servieren wir feine Speisen der heimischen Küche und modern interpretierte Klassiker. Kalbsschnitzel, Scholle, aber auch vegane und vegetarische Gerichte finden Sie auf unserer wechselnden Karte.

Gern berät Sie unser Team bei der Suche nach dem passenden Wein. Ihren neuen Lieblingswein für zu Hause oder zum Verschenken kaufen Sie in unserem Weinhandel.

* Bei Vorlage dieser Anzeige erhalten Sie 10% Preisnachlass auf Ihre Rechnung.

Wilhelmstraße 24 · 18586 Sellin
Tel. +49 38303 49319-0 · info@weinwirtschaft-sellin.de
weinwirtschaft-sellin.de

Geschäftsanschrift: arcona Ostseehotels und Appartements GmbH · Betriebsstätte: Sellin · August-Bebel-Str. 5 · 18055 Rostock

RÜGENER ZWIEBELSUPPE

Für 2 Personen, Zubereitungszeit: 35 Minuten

Die Zwiebeln schälen, halbieren und in feine
Ringe schneiden. Die Butter in einem Topf
schmelzen lassen und die Zwiebeln in der heißen
Butter andünsten. Mit dem Mehl bestäuben und
etwas anschwitzen. Dann mit der Gemüsebrühe
ablöschen und etwa 20 Minuten köcheln lassen.

Unterdessen den Backofen auf 220 °C Ober-/
Unterhitze vorheizen.

Die Käsescheiben halbieren und auf die
Baguettescheiben verteilen. Auf ein Backblech
legen und 5 Minuten überbacken, bis der Käse
geschmolzenen ist.

Den Thymian waschen, trocken tupfen und die
Blättchen abzupfen.

Die Suppe mit Weißwein, Salz, Pfeffer und Muskatnuss abschmecken. Zum
Servieren die Brotscheiben darauflegen und mit Thymian bestreuen.

2 Gemüsezwiebeln
20 g Butter
1 TL Mehl
500 ml Gemüsebrühe
2 Scheiben Edamer
4 Scheiben Baguette
2 Zweige Thymian
3 EL Weißwein
Salz & Pfeffer
Muskatnuss, frisch
    gerieben

BINZER AALSUPPE

Für 2 Personen, Zubereitungszeit: 60 Minuten

Den geräucherten Aal filetieren, dabei die Filetstücke beiseitestellen und Kopf, Haut und Gräten separat aufbewahren.

Das Suppengemüse putzen, waschen und klein schneiden. Die Zwiebel schälen, halbieren und in Ringe schneiden.

2 EL Butter in einem Suppentopf schmelzen lassen und darin ca. ¼ des Suppengemüse sowie die Zwiebel anschwitzen lassen. Dann mit 50 ml Weißwein ablöschen und die Gemüsebrühe dazugießen. Nun die Lorbeerblätter sowie Kopf, Haut und Gräten des Räucheraals dazugeben und bei mittlerer Hitze 15 Minuten köcheln lassen.

Während der Rauchaal-Fond kocht, den Dill waschen, trocken schütteln, die feinen Blättchen von den Stielen zupfen und klein hacken.

Nach der Kochzeit des Fonds in einem zweiten Topf die restliche Butter schmelzen lassen und darin das restliche Suppengemüse anschwitzen. Mit dem restlichen Weißwein ablöschen.

500 g geräucherter Aal
250 g Suppengemüse
    aus Frühlingszwiebeln,
    Möhren, Sellerie
½ kleine Zwiebel
4 EL Butter
100 ml Weißwein, trocken
400 ml Gemüsebrühe
2 Lorbeerblätter
2 Stängel Dill
Salz & Pfeffer
etwas Chilipulver

Ein feinmaschiges Sieb auf diesen zweiten Topf geben und den fertig gekochten Rauchaal-Fond durch das Sieb zum angeschwitzten Gemüse passieren. Den Inhalt des Siebs dann entfernen. Die Suppe aufkochen und so lange köcheln lassen, bis das Gemüse bissfest ist. Anschließend die Suppe mit Salz, Pfeffer und Chilipulver abschmecken und die Aalfilet-Stücke hineingeben.

Die Suppe auf 2 Teller verteilen, mit dem Dill bestreuen und servieren.

OSTSEE-SUPPENTOPF

Für 2 Personen, Zubereitungszeit: 35 Minuten

Die Möhren schälen, waschen und in Scheiben schneiden. Die Frühlingszwiebeln und den Staudensellerie putzen, waschen und in Ringe schneiden. Den Weißkohl putzen, den Strunk entfernen und in mundgerechte Stücke schneiden. Die Zwiebel schälen, halbieren und in Ringe schneiden.

In einem Topf das Rapsöl erwärmen und darin das Gemüse andünsten. Mit der Gemüsebrühe ablöschen und 15–20 Minuten zugedeckt bei mittlerer Hitze garen.

Unterdessen die Petersilie und den Dill waschen, trocken schütteln, die Blättchen von den Stielen zupfen und grob hacken.

Die Suppe mit Salz und Pfeffer würzen. Dann die Kräuter hineingeben und servieren.

2 Möhren
2 Frühlingszwiebeln
1 Stange Staudensellerie
½ Kopf Weißkohl
½ kleine Zwiebel
1 EL Rapsöl
600 ml Gemüsebrühe
je 1 Stiel Petersilie & Dill
Salz & Pfeffer

ROTE HERINGSSUPPE

Für 2 Personen, Zubereitungszeit: 20 Minuten

Die Zwiebel schälen, halbieren und fein hacken.
Die Möhre putzen, schälen und in kleine Stücke
schneiden. Den Sellerie putzen, waschen und
ebenfalls in kleine Stücke schneiden.

Das Öl in einem Topf erhitzen und die Zwiebeln
darin andünsten. Möhren und Sellerie dazugeben und für 2 Minuten mitbraten.

Anschließend die stückigen Tomaten, Gemüsebrühe, Tomatenmark und Senf dazugeben
und das Ganze bei mittlerer Hitze 8 Minuten
zugedeckt köcheln lassen.

Danach die Heringsfilets in 2 × 2 cm große
Würfel schneiden. Mit in den Topf geben und
alles 7–8 Minuten weiterköcheln.

In der Zwischenzeit die Petersilie waschen, trocken schütteln, die Blättchen
von den Stielen zupfen und fein hacken.

Den Schmand in die Suppe rühren und diese mit Zitronensaft, Salz und
Pfeffer würzen. Auf 2 Schüsseln oder Teller aufteilen, mit der Petersilie
bestreuen und servieren.

½ Zwiebel
1 Möhre
1 Stange Staudensellerie
1 EL Rapsöl
250 g stückige Tomaten,
    aus der Dose
300 ml Gemüsebrühe
1 TL Senf, körnig
2 EL Tomatenmark
200 g frische Herings-
    filets, ohne Haut
2 Stiele Blattpetersilie
50 g Schmand
1 EL Zitronensaft
Salz & Pfeffer

MATJES-KARTOFFELSALAT

Für 2 Personen, Zubereitungszeit: 45 Minuten

Die Kartoffeln waschen und in kochendem Salzwasser ca. 25 Minuten garen.
Dann abgießen, ausdampfen lassen und pellen. Anschließend vollständig
auskühlen lassen.

In der Zwischenzeit den Apfel schälen, vierteln, vom Kerngehäuse befreien,
in kleine Stücke schneiden und mit 1 EL Zitronensaft vermengen. Die
Zwiebel schälen, halbieren und in Ringe schneiden. Den Rucola waschen
und trocken schütteln. Die Matjesfilets gut abtropfen lassen und in kleine
Stücke schneiden.

Aus dem Himbeeressig, Öl, Senf sowie Salz und frisch gemahlenem Pfeffer
ein Dressing anrühren.

Die Kartoffeln in mundgerechte Stücke schneiden.

Kartoffeln, Apfel- und Fischstücke, Zwiebelringe und Rucola in eine
Schüssel geben und mit dem Dressing verrühren.

Dann auf 2 Tellern anrichten, noch etwas frischen Pfeffer darübermahlen
und servieren.

300 g Kartoffeln, fest-
   kochend
Salz
1 Apfel, z. B. Boskop
1 EL Zitronensaft
1 kleine rote Zwiebel
½ Bund Rucola
200 g Matjesfilet, in Öl
   eingelegt
2 EL Himbeeressig
2 EL Rapsöl
1 TL Senf, körnig
frischer Pfeffer, aus der
   Mühle

SOMMERLICHER SPARGELSALAT

TIPP

Probieren Sie während der Saison unbedingt den original Lieschower Spargel – eine absolute Rügener Köstlichkeit.

Für 2 Personen, Zubereitungszeit: 40 Minuten

Den Spargel waschen, schälen und die Enden abschneiden. Den Spargel in Stücke schneiden und in gesalzenem Wasser etwa 10–15 Minuten kochen. Danach abgießen und abkühlen lassen.

Unterdessen die Erdbeeren waschen, putzen und halbieren. Den Salat verlesen, waschen und trocken schleudern.

Die Pinienkerne in einer beschichteten Pfanne ohne Fettzugabe goldbraun rösten. Dann herausnehmen und beiseitestellen.

100 g der Erdbeeren mit dem Rotweinessig, Olivenöl und Ahornsirup in einen Standmixer geben und pürieren. Das Dressing mit Salz und Pfeffer abschmecken.

Den gekochten Spargel, die restlichen Erdbeeren und den Salat in einer Schüssel mischen. Das Dressing über den Salat geben und gut vermischen.

Mit den Pinienkernen bestreuen und den Parmesan frisch darüberhobeln.

250 g Spargel
Salz
250 g Erdbeeren
100 g Pflücksalat oder
    gemischter Salat,
    z. B. Feldsalat, Eich-
    blattsalat,
    Endiviensalat o. Ä.
2 EL Pinienkerne
1 EL Rotweinessig
2 EL Olivenöl
1 EL Ahornsirup
Pfeffer
50 g Parmesan

ROTKOHLSALAT MIT WALNÜSSEN UND ÄPFELN

Für 2 Personen, Zubereitungszeit: 20 Minuten

Den Rotkohl vom Strunk befreien, die Blätter waschen, in sehr feine Streifen schneiden und in eine Schüssel geben. Den Apfel waschen und trocken tupfen, ein kleines Stück abschneiden und in sehr feine Scheiben schneiden. Den Rest auf einer Reibe bis zum Kerngehäuse reiben. Den geriebenen Apfel zum Rotkohl geben und die Apfelscheiben mit dem Zitronensaft beträufeln.

Aus dem Apfelessig und -dicksaft, dem Walnussöl und dem Kirsch-Fruchtaufstrich ein Dressing anrühren und dieses kräftig mit Salz und Pfeffer würzen.

Die geriebenen Äpfel und den Rotkohl mit dem Dressing mischen, dazu den Salat kräftig mit den Händen kneten.

Die Walnüsse grob hacken. Die Petersilie waschen, trocken schütteln, die Blättchen von den Stielen zupfen.

Die Apfelscheiben und die Walnüsse unter den Salat heben.

Dann den Rotkohlsalat auf 2 Tellern anrichten, mit der Petersilie bestreuen und servieren.

300 g Rotkohl
1 säuerlicher Apfel
1 TL Zitronensaft
2 EL Apfelessig
1 EL Apfeldicksaft
4 EL Walnussöl
1 EL Kirsch-Fruchtaufstrich
Salz & Pfeffer
30 g Walnusskerne
2 Stiele Petersilie

MATJESSALAT

Für 2 Personen, Zubereitungszeit: 70 Minuten

Rote Bete in einem Topf mit Wasser bedecken, das Wasser zum Kochen bringen und die Knollen je nach Größe in 40–60 Minuten weich kochen. Abgießen, kurz kalt abschrecken und anschließend etwas abkühlen lassen.

Inzwischen die Matjesfilets in grobe Streifen und die Essiggurken in kleine Stückchen schneiden. Den Apfel schälen, vierteln, vom Kerngehäuse befreien und in kleine Würfel schneiden. Die Möhre putzen, schälen und fein würfeln. Die Zwiebel schälen, in Streifen schneiden und in einer Schüssel mit etwas Salz mischen.

Den Meerrettich schälen und fein reiben. Den Dill waschen und fein zupfen.

Die saure Sahne mit Apfelessig, etwas Salz und Pfeffer, dem geriebenen Meerrettich und 1 Prise Kümmel verrühren, dann das Walnussöl untermischen.

Die gekochten und abgekühlten Rote-Bete-Knollen schälen und in Scheiben schneiden.

Rote-Bete-Scheiben, Matjes, Essiggurken, Apfel- und Möhrenstücke und das Dressing zur Zwiebel in die Schüssel geben und alles leicht mischen.

Den Salat auf Tellern anrichten, mit dem Dill garnieren und servieren.

200 g Rote Bete
200 g Matjesfilet
2 Essiggurken
1 kleiner säuerlicher Apfel
1 Möhre
1 rote Zwiebel
Salz
1 Stück Meerrettichwurzel
2 Stängel frischer Dill
100 g saure Sahne
1 EL Apfelessig
Pfeffer & Kümmelpulver
1 EL Walnussöl

ROTE BETE-RUCLASALAT

Für 2 Personen, Zubereitungszeit: 25 Minuten

Den Rucola verlesen, waschen und trocken schleudern. Den Radicchio putzen, die Blätter waschen und in Streifen schneiden. Die Rote Bete in Würfel schneiden. Den Feta würfeln.

Rucola, Radicchio, Rote Bete und Feta in eine Schüssel geben.

Den Aceto Balsamico mit dem Himbeer-Balsamico, Zucker, Salz, Pfeffer, Olivenöl und Sesamöl zu einem Dressing verrühren.

Das Dressing über den Salat geben und den Salat durchmischen.

Die Walnüsse grob hacken, darüberstreuen und servieren.

1 Bund Rucola
½ Kopf Radicchio
1 Knolle Rote Bete, vor-
    gegart
100 g Feta
1 EL Aceto Balsamico
1 EL Himbeer-Balsamico
1 Prise Zucker
1 EL Olivenöl
1 TL Sesamöl
Salz & Pfeffer
30 g Walnusskerne

EINKAUFSTIPP

Verwenden Sie für dieses Rezept die köstlichen Balsamico-Essige der Hofmanufaktur Rügen. Sie können diese sowie die weiteren Produkte der Hofmanufaktur, wie verschiedene Fruchtaufstriche und Sirupe, online bestellen bei www.hofmanufaktur-ruegen.de.

Mit dem Gutschein am Ende des Buches sparen Sie 10 % bei Ihrem Einkauf im Online-Shop der Hofmanufaktur unter www.hofmanufaktur-ruegen.de/shop.

KRABBENBRÖTCHEN

Für 2 Personen, Zubereitungszeit: 15 Minuten

Für die Remoulade die Sardellen, Kapern und Gewürzgurke fein hacken. Die Mayonnaise mit Crème fraîche und Senf verrühren und mit Salz und Pfeffer würzen. Sardellen, Kapern und Gewürzgurke sowie den Dill unterrühren.

Die Salatblätter waschen und trocken tupfen.

Die Brötchen aufschneiden, die jeweils untere Hälfte mit der Remoulade bestreichen und je ein Salatblatt darauflegen.

Dann mit den Krabben füllen, die obere Hälfte des Brötchens darauflegen und frisch genießen.

2 Sardellen
6 Kapern
1 Gewürzgurke
4 EL Mayonnaise
2 EL Crème fraîche
1 TL Senf
Salz & Pfeffer
1 TL Dill, gehackt
2 große Salatblätter,
    z. B. Eichblatt- oder
    Kopfsalat
2 Brötchen
200 g Krabben

ZITRONEN-DORSCHFILET

Für 2 Personen, Zubereitungszeit: 30 Minuten

Das Dorschfilet waschen, trocken tupfen und in 4 gleichgroße Stücke schneiden. Mit Salz und Pfeffer würzen.

Die Zitrone heiß abwaschen, trocken reiben und in Scheiben schneiden. Den Spargel waschen, im unteren Drittel schälen und die Enden abschneiden. Die Tomaten waschen und halbieren. Den Knoblauch schälen und fein würfeln. Das Basilikum waschen, trocken tupfen und die Hälfte der Blättchen grob hacken.

Das Öl in einer Pfanne erhitzen und das Fischfilet darin etwa 10 Minuten braten, dabei einmal wenden. Die Zitronenscheiben kurz mitbraten, dann herausnehmen.

Den Spargel dazugeben und weitere 6 Minuten braten. Danach die Tomaten und den Knoblauch dazugeben und kurz mitbraten. Das gehackte Basilikum unter das Gemüse mischen und dieses mit Salz und Pfeffer abschmecken.

Den Fisch mit dem Gemüse und den Zitronen zum Beträufeln auf 2 Tellern anrichten und mit dem restlichen Basilikum garnieren. Etwas bunten Pfeffer darübermahlen und, wenn gewünscht, Chiliflocken darübergeben und servieren.

400 g Dorschfilet (Kabeljau)
Salz & Pfeffer
1 Bio-Zitrone
200 g grüner Spargel
200 g Kirschtomaten
1 Knoblauchzehe
½ Bund Basilikum
1 EL Rapsöl
bunter Pfeffer, aus der Mühle
Chiliflocken, nach Belieben

WILDSCHWEINKEULE MIT INSELBIER-SCHMORSOßE

Für 2 Personen, Zubereitungszeit: 2 ¼ Stunden

Für den Braten

1 kg Wildschweinkeule
    ohne Knochen
1 TL Pfefferkörner
3 Wacholderbeeren
½ TL grobes Meersalz
1 Zwiebel
2 Möhren
½ Stange Lauch
2 Zweige Thymian
1 EL Rapsöl
1 Lorbeerblatt
40 g Trockenpflaumen
250 ml Wildfond
250 ml Inselbier, dunkel
1 EL Preiselbeergelee
1 EL Preiselbeeren, aus
    dem Glas
Salz & Pfeffer
optional: Soßenbinder
2 Zweige Thymian, frisch

Für das Kartoffelgratin

1 ½ TL Butter
¼ Knoblauchzehe,
    geschält
400 g Kartoffeln, fest-
    kochend
125 ml Milch, 3,5 % Fett
125 g Schlagsahne
Salz & Pfeffer
Muskatnuss, frisch
    gerieben
½ EL Thymian, gehackt
30 g Emmentaler,
    gerieben

Für den Braten von der Wildschweinkeule eventuell vorhandene Sehnen entfernen. Das Fleisch waschen und trocken tupfen. Pfefferkörner, Wacholderbeeren und Meersalz in einem Mörser zerstoßen und den Braten damit einreiben.

Die Zwiebel schälen und würfeln. Die Möhren putzen, schälen und in Stücke schneiden. Den Lauch putzen, waschen und in Ringe schneiden. Den Thymian waschen, trocken schütteln und die Blättchen von den Zweigen zupfen.

Das Rapsöl in einem Bräter erhitzen und das Fleisch darin von allen Seiten kräftig anbraten. Das Gemüse und den Thymian dazugeben und kurz mitbraten. Das Lorbeerblatt und die Trockenpflaumen hinzufügen. Dann den Braten mit dem Wildfond und dem Bier ablöschen, dabei den Bratensatz lösen. Zugedeckt etwa 1 ¾ Stunden schmoren lassen. Zwischendurch eventuell noch etwas Fond angießen.

Für das Kartoffelgratin den Backofen auf 200 °C Ober-/Unterhitze vorheizen. Eine Gratinform mit ½ TL Butter einfetten und mit der Knoblauchzehe ausreiben.

Die Kartoffeln schälen, waschen und in sehr dünne Scheiben schneiden oder hobeln. Die Scheiben in die Form einschichten.

Milch, Sahne, Salz, Pfeffer, Muskatnuss und Thymian verrühren und kräftig abschmecken. Die Masse über die Kartoffeln gießen. Dann den Emmentaler und die restliche Butter in Flöckchen darüber verteilen. Im Ofen auf der mittleren Schiene etwa 40 Minuten überbacken.

Den Braten aus dem Bräter nehmen und mit Alufolie abdecken. Den Fond durch ein Sieb in einen Topf gießen, die Pflaumen herausnehmen und die Gemüsereste zerdrücken. Dies einmal aufkochen lassen. Pflaumen, Preiselbeergelee und Preiselbeeren in die Soße geben. Mit Salz und Pfeffer abschmecken. Je nach gewünschter Konsistenz eventuell noch mit Soßenbinder andicken.

Den Braten in Scheiben schneiden und mit der Soße und dem Kartoffelgratin anrichten, mit dem frischen Thymian dekorieren und servieren.

RÜGENER FISCHEINTOPF

Für 2 Personen, Zubereitungszeit: 20 Minuten

Den Aal, Kabeljau und Seelachs waschen, trocken tupfen und in Stücke schneiden. Mit Salz und Pfeffer würzen.

Die Paprikaschote putzen, waschen und in kleine Würfel schneiden. Die Kirschtomaten waschen und würfeln. Den Estragon und den Thymian waschen, trocken tupfen und die Blättchen abzupfen. Die Zwiebel und den Knoblauch schälen und fein würfeln.

Das Öl in einem Schmortopf erhitzen und darin die Zwiebel- und Knoblauch- würfel andünsten. Die Paprika dazugeben und ebenfalls andünsten. Dann den Tomatensaft, die stückigen Tomaten und Kirschtomaten dazugeben und aufkochen lassen. Mit Salz, Pfeffer und Zucker abschmecken.

Den Fisch und die Kräuter in den Topf geben und bei geringer Hitze etwa 8 Minuten gar ziehen lassen.

Dazu passt Weißbrot oder Reis.

200 g Aalfilet
200 g Kabeljaufilet
100 g Seelachsfilet
Salz & Pfeffer
1 gelbe Paprikaschote
100 g Kirschtomaten
je 3 Stiele Estragon und
    Thymian
1 Zwiebel
1 Knoblauchzehe
2 EL Olivenöl
200 ml Tomatensaft
100 g stückige Tomaten
etwas Zucker

BACKFISCH MIT SALZKARTOFFELN UND WIRSINGGEMÜSE

Für 2 Personen, Zubereitungszeit: 35 Minuten

Die Kartoffeln schälen, in Stücke schneiden und in Salzwasser ca. 20 Minuten garen.

Unterdessen den Wirsing waschen und putzen. Die Zwiebel schälen und fein würfeln.

Die Wirsingblätter in kochendem Salzwasser ca. 2 Minuten dünsten, danach in Streifen schneiden.

Für die Kartoffeln
200 g Kartoffeln, fest-
    kochend
Salz

Für das Kohlgemüse
½ kleiner Wirsingkopf
1 kleine Zwiebel
Salz
50 g Speckstreifen
2 EL Sahne
Pfeffer & Muskatnuss

Für den Fisch
200 g Kabeljaufilet
Salz & Pfeffer
1 Ei
2 EL Mehl
50 g Semmelbrösel
2 EL Butterschmalz

Außerdem
1 EL Petersilie, gehackt
2 Zitronenscheiben,
    halbiert

Den Speck in einer Pfanne auslassen, herausnehmen und in dem Speckfett die Zwiebelwürfel glasig dünsten. Den geschnittenen Wirsing hinzugeben und den Speck ebenfalls wieder zugeben. Die Sahne einrühren und das Wirsinggemüse mit Salz, Pfeffer und Muskatnuss abschmecken. Auf leichter Hitze so lange warmhalten, bis der Fisch fertig ist.

Die Fischfilets waschen, trocken tupfen und gegebenenfalls von restlichen Gräten befreien. Dann mit Salz und etwas Pfeffer würzen. Das Ei in einer flachen Schüssel verquirlen, das Mehl und die Semmelbrösel auf 2 Teller geben. Die Fischfilets erst im Mehl wälzen, gut abklopfen, anschließend durch die Eiermasse und zum Schluss durch die Brösel ziehen.

Das Butterschmalz in einer Pfanne erhitzen und die Fischfilets darin von beiden Seiten goldbraun backen.

Die Kartoffeln abgießen, auf 2 Tellern anrichten und die Petersilie darüber-streuen. Das Wirsinggemüse sowie den Fisch auf die Teller geben, jeweils 2 halbe Zitronenscheiben zum Beträufeln anlegen und servieren.

KANINCHENKEULEN MIT BACKPFLAUMEN

Für 2 Personen, Zubereitungszeit: 70 Minuten

Die Kaninchenkeulen waschen, trocken tupfen und mit Salz und Pfeffer würzen. Den Knoblauch schälen und fein hacken.

In einem Bräter 1 EL Olivenöl erhitzen und die Keulen darin anbraten. Den Knoblauch kurz mitbraten. Mit dem Rotwein ablöschen, die Brühe dazugießen und zugedeckt etwa 50 Minuten schmoren lassen.

Unterdessen für die Soße die Backpflaumen vierteln. Die Frühlingszwiebel putzen, waschen und in Ringe schneiden. Die Pfifferlinge putzen, den Speck in feine Streifen schneiden. Die Zwiebel schälen und fein würfeln.

In einer Pfanne das restliche Öl erhitzen und die Zwiebelwürfel darin andünsten. Die Pfifferlinge, den Speck und die Backpflaumen zugeben und andünsten. Mit Salz, Pfeffer und Paprikapulver würzen. Den Gemüsefond hinzufügen, einmal aufkochen und bei geringer Hitze 15 Minuten ausquellen lassen.

Die Kaninchenkeulen aus dem Bräter nehmen. Die Bratensoße in die Pfanne zu den geschmorten Pflaumen geben und abschmecken.

Die Kaninchenkeulen mit der Soße anrichten und am besten mit Nudeln servieren.

Hierzu passen kurze Nudeln oder Spätzle.

TIPP

Die Kaninchenkeulen kann man auch gut gegen Hasenkeulen austauschen. Diese haben einen intensiven Wildgeschmack.

2 Kaninchenkeulen
Salz & Pfeffer
1 Knoblauchzehe
2 EL Olivenöl
100 ml Rotwein, trocken
150 ml Fleischbrühe
200 g Backpflaumen
1 Frühlingszwiebel
100 g Pfifferlinge
100 g Speck
1 Zwiebel
Paprikapulver
50 ml Gemüsefond

OFEN-KÜRBIS

Für 2 Personen, Zubereitungszeit: 65 Minuten

Den Backofen auf 180 °C Umluft vorheizen.

Den Butternut-Kürbis waschen und trocken tupfen. Dann der Länge nach halbieren, die Kerne mit einem Löffel entfernen und das Fruchtfleisch gitterförmig einschneiden. Die beiden Kürbishälften in eine Auflaufform setzen.

Den Kürbis mit dem Olivenöl beträufeln und ca. ½ TL der leckeren Rügener Ü-Tüpfelchen-Gewürzmischung gleichmäßig auf jeder Hälfte verteilen.

Die Feigen waschen und trocken tupfen. Dann einschneiden, aufklappen und in die Mulde der Kürbishälften setzen.

Den Feta über den Kürbis bröseln, den Honig darüberträufeln und die Kürbiskerne darauf verteilen.

Im vorgeheizten Ofen ca. 50 Minuten garen.

1 Butternut-Kürbis
1 EL Olivenöl
1 TL Insel-Salz
  Ü-Tüpfelchen
2 Feigen
150 g Feta
1 EL Honig
1 EL Kürbiskerne

GÖHRENER FISCHAUFLAUF

Für 2 Personen, Zubereitungszeit: 50 Minuten

Den Backofen auf 200° Umluft vorheizen.

Pastinaken und Kartoffeln schälen, waschen, in grobe Stücke schneiden und in Salzwasser ca. 8–10 Minuten weich kochen.

Während die Pastinaken und Kartoffeln kochen, das Kabeljaufilet waschen, trocken tupfen und in feine Streifen schneiden. Die Zwiebeln schälen und in feine Ringe schneiden. Den Blumenkohl waschen und in Röschen zerteilen.

Den Blumenkohl in kochendem Salzwasser ca. 5–6 Minuten kochen lassen. Danach das Kochwasser abgießen.

Die Pastinaken und Kartoffeln nach dem Kochen abgießen und zerdrücken. Dann 100 ml Milch unterrühren und das Püree mit Salz und Muskatnuss abschmecken.

Das Öl in einer Pfanne erhitzen und die Zwiebelringe darin goldgelb braten, dann herausnehmen.

In einer Auflaufform zuerst das Pastinaken-Kartoffelpüree, dann das Kabeljaufilet, die Zwiebeln und zuletzt den Blumenkohl schichten.

Den Gouda mit der Crème fraîche und der restlichen Milch verrühren und mit Salz und Pfeffer würzen. Den Auflauf mit der Käsemasse übergießen und im vorgeheizten Backofen auf der mittleren Schiene ca. 20 Minuten überbacken.

100 g Pastinaken
100 g Kartoffeln
Salz
200 g Kabeljaufilet
1 Zwiebel
100 g Blumenkohl
150 ml Milch, 3,5 % Fett
Muskatnuss, frisch
    gerieben
1 EL Rapsöl
70 g Gouda, gerieben
100 g Crème fraîche
Pfeffer

KOHLEINTOPF MIT LAMM

Für 2 Personen, Zubereitungszeit: 55 Minuten

Die Kartoffeln schälen und in 1 cm große Stücke schneiden. Das Lammfleisch ebenfalls klein schneiden. Den Kohl vom Strunk und von den äußeren Blättern befreien. Dann waschen und in feine Streifen schneiden. Die Zwiebel schälen, halbieren und in Ringe schneiden.

Das Öl in einem Suppentopf oder Bräter erhitzen und die Zwiebel darin glasig andünsten. Kartoffeln, Lamm und Kohl dazugeben und unter Rühren ca. 6–8 Minuten anschmoren.

Unterdessen den Kohlrabi schälen und würfeln. Zum Eintopf geben und für weitere 5 Minuten mitschmoren. Das Ganze mit Salz, Pfeffer und Kümmel würzen.

Anschließend mit Brühe zugießen und bei geringer Hitze ca. 20 Minuten köcheln lassen.

Den Eintopf in 2 tiefe Teller geben und servieren.

200 g Kartoffeln
200 g Lammschulter
200 g Weißkohl
1 Zwiebel
3 EL Rapsöl
100 g Kohlrabi
Salz & Pfeffer
1 TL Kümmel, gemahlen
200 ml Fleischbrühe

FISCHKRUSTIES MIT DIP

Für 2 Personen, Zubereitungszeit: 55 Minuten

Für den Fisch Mehl, Backpulver, Milch, Ei, Currypulver und Salz in einer Schüssel zu einem Teig verrühren. Den Teig etwa 30 Minuten quellen lassen.

Unterdessen für das Erbsenpüree die Zwiebel schälen und fein würfeln. Die Butter in einem Topf zerlassen, die Zwiebelwürfel zufügen und glasig anschwitzen. Erbsen, Zucker und gehackte Petersilie zugeben und zugedeckt bei reduzierter Hitze ca. 10 Minuten weich dünsten.

Für die Remoulade die Gewürzgurke in kleine Würfel schneiden. Die Zwiebel schälen und fein würfeln. Mayonnaise, Crème fraîche und Joghurt verrühren. Gurke, Zwiebel und Kapern unterrühren und mit Salz und Pfeffer abschmecken.

Für den Fisch das Öl in einer Fritteuse oder in einem hohen Topf auf 175 °C erhitzen.

Das Kabeljaufilet waschen, trocken tupfen und in grobe Würfel schneiden. Mit Salz und Pfeffer würzen. Die Fischstücke portionsweise in den vorbereiteten Teig geben, herausheben, abtropfen lassen und im heißen Öl etwa 4 Minuten goldbraun frittieren. Herausnehmen und auf Küchenpapier abtropfen lassen.

Während der Fisch frittiert, die Erbsen fein pürieren und durch ein Sieb streichen. Die Sahne unterrühren und mit Salz, Pfeffer und Muskatnuss verfeinern.

Den gebackenen Fisch mit der Remoulade und dem Erbsenpüree anrichten. Dazu passen Kartoffelsalat oder Pommes.

Für den Fisch
100 g Mehl
½ Pck. Backpulver
250 ml Milch, 3,5 % Fett
1 Ei, Größe M
½ EL Currypulver, mild
Salz
300 g Kabeljaufilet
Pfeffer
ca. ½ l Öl, zum Frittieren

Für das Erbsenpüree
1 kleine Zwiebel
1 EL Butter
300 g Erbsen, tiefgekühlt
1 Msp. Zucker
1 EL Petersilie, gehackt
50 ml Sahne
Salz, Pfeffer & Muskatnuss

Für die Remoulade
1 Gewürzgurke
1 kleine Zwiebel
2 EL Mayonnaise
1 EL Crème fraîche
1 EL Joghurt, 3,5 % Fett
1 TL Kapern
Salz & Pfeffer

LAMMBÄLLCHEN IN GEMÜSESOßE

Für 2 Personen, Zubereitungszeit: 40 Minuten

Die Zwiebel und den Knoblauch schälen und fein hacken. Das Lammhackfleisch in eine Schüssel geben, Zwiebel- und Knoblauchwürfel, Ei, Orangenschale, Semmelbrösel, Kreuzkümmel, Salz und Pfeffer zu dem Hack dazugeben und alles verkneten. Aus der Masse mit leicht angefeuchteten Händen 8 kleine Bällchen formen.

Die Champignons putzen, trocken abreiben und in Scheiben schneiden. Die Paprikaschote putzen, waschen und in Streifen schneiden. Die Tomaten waschen und klein schneiden. Die Petersilie waschen, trocken tupfen und die Blättchen abzupfen.

Das Öl in einer beschichteten Pfanne erhitzen und die Lammbällchen darin etwa 5 Minuten rundherum braten, dann herausnehmen.

Die Champignons und die Paprika im Bratfett kurz anbraten. Dann die Tomaten und die Sahne dazugeben und alles etwa 5 Minuten schmoren. Die Bällchen dazugeben und alles zusammen weitere 4 Minuten garen.

Den Joghurt unterrühren, aber nicht mehr kochen. Mit Salz, Pfeffer und Paprikapulver abschmecken.

Die Petersilie darüberstreuen und servieren.

1 Zwiebel
1 Knoblauchzehe
300 g Lammhackfleisch
1 Ei, Größe L
abgeriebene Schale von
    ½ Bio-Orange
1 EL Semmelbrösel
½ TL Kreuzkümmel,
    gemahlen
Salz & Pfeffer
200 g Champignons
1 rote Paprikaschote
100 g Kirschtomaten
2 Stiele Petersilie
1 EL Olivenöl
100 g Schlagsahne
2 EL Joghurt, 3,5 % Fett
Paprikapulver, edelsüß

FISCHBURGER

Für 2 Personen, Zubereitungszeit: 20 Minuten

Den Backofen auf 200 °C Ober-/Unterhitze vorheizen. Die Brötchen halbieren, mit der Schnittfläche nach unten auf das Backblech legen und kurz aufbacken.

Unterdessen die Gurke waschen und in Scheiben scheiden. Den Spinat verlesen, waschen und trocken tupfen. Den Dill waschen, trocken schütteln, die Blättchen vom Stiel zupfen und fein hacken.

Den Joghurt mit der Mayonnaise verrühren, mit Salz und Pfeffer abschmecken und den Dill unterrühren.

Das Seelachsfilet waschen, trocken tupfen und in 4 gleichgroße Stücke schneiden. Mit Salz und Pfeffer würzen. Das Mehl auf einen Teller geben. Das Ei in einem tiefen Teller verquirlen. Das Öl in einer beschichteten Pfanne erhitzen. Die Fischstücke erst in Mehl, dann in Ei wenden und im heißen Öl etwa 5 Minuten braten.

Alle 4 Brötchenhälften mit der Joghurtcreme bestreichen. Die Spinatblätter und den Fisch auf die Unterteile geben. Dann die Gurkenscheiben und die Oberteile darauflegen und servieren.

2 Sesam Burger Buns
¼ Salatgurke
20 g Blattspinat
2 Stiele Dill
30 g Joghurt, 3,5 % Fett
30 g Mayonnaise
Salz & Pfeffer
200 g Seelachsfilet
50 g Mehl, Type 405
1 Ei, Größe M
2 EL Rapsöl

BINZER BRATEN MIT KARTOFFELPÜREE

Für 2 Personen, Zubereitungszeit: 70 Minuten

Für den Braten den Schweinenacken waschen, trocken tupfen und mit Salz und Pfeffer kräftig würzen. Die Möhre putzen, schälen und in Stücke schneiden. Den Sellerie schälen und klein schneiden. Die Zwiebel und den Knoblauch schälen und fein würfeln. Die Tomaten waschen und in Stücke schneiden.

Den Schweinenacken in einem Bräter im heißen Öl kräftig anbraten. Zwiebel, Knoblauch, Möhre und Sellerie dazugeben und ebenfalls anbraten. Die Hälfte der Tomaten dazugeben. Mit der Brühe ablöschen und den Braten etwa 1 Stunde schmoren lassen, dabei zwischendurch eventuell noch etwas Brühe dazugeben.

Währenddessen für das Püree die Kartoffeln schälen, waschen, in Stücke schneiden und in Salzwasser etwa 20 Minuten kochen.

Den Schnittlauch waschen, trocken tupfen und in Ringe schneiden. Die Petersilie waschen, trocken tupfen und die Blättchen abzupfen. Die Kartoffeln abgießen und zerstampfen. Die heiße Milch und die Butter untermischen. Mit Salz und Muskatnuss abschmecken.

Den Braten aus dem Bräter nehmen und das Gemüse im Sud pürieren. Den Sauerrahm sowie die roten Pfefferkörner unterrühren und die Soße mit Salz und Pfeffer abschmecken.

Den Braten in Scheiben schneiden und mit Soße, Püree und den restlichen Tomaten anrichten. Mit Schnittlauch und Petersilie bestreuen und servieren.

Für den Braten

400 g Schweinenacken am Stück, ohne Knochen
Salz & Pfeffer
1 Möhre
100 g Sellerie
1 Zwiebel
1 Knoblauchzehe
150 g Tomaten
1 EL Rapsöl
250 ml Gemüsebrühe
50 g Sauerrahm
½ TL rote Pfefferkörner

Für das Püree

400 g Kartoffeln, mehligkochend
Salz
200 ml Milch, heiß
10 g Butter
Muskatnuss, frisch gerieben

Außerdem

2 Stiele Schnittlauch
2 Stiele Petersilie

RÜGENER GRAUE KLÖßE MIT SPECK

Für 2 Personen, Zubereitungszeit: 70 Minuten

Die Hälfte der Kartoffeln in kochendem Wasser ca. 20 Minuten garen. Danach abgießen, mit kaltem Wasser abschrecken, pellen und abkühlen lassen. Die gepellten Kartoffeln durch die Kartoffelpresse in eine Rührschüssel drücken. Die andere Hälfte der Kartoffeln schälen, waschen und nicht zu fein reiben. Auf ein Tuch über eine Schüssel geben und ausdrücken, dabei den Saft auffangen.

Die gekochten und rohen Kartoffeln in einer Schüssel miteinander mischen, das Ei, Mehl, Salz und etwas Muskatnuss dazugeben und gut miteinander vermischen.

Den Kartoffelsaft vorsichtig aus der Schüssel gießen, sodass die Kartoffelstärke unten in der Schüssel bleibt. Diese zur Kartoffelmasse geben und gut damit vermischen. Den Kloßteig nun 30 Minuten kalt stellen.

Einen großen Topf mit Wasser zum Kochen bringen. Den Teig mit zwei feuchten Esslöffeln abstechen und ins kochende Wasser geben. Dann die Klöße ca. 15 Minuten bei schwacher Hitze gar ziehen lassen, das Wasser sollte jetzt nicht mehr kochen.

In der Zwischenzeit die Zwiebel schälen und würfeln. Den Speck in der Pfanne auslassen und knusprig ausbraten. Dann herausnehmen und die Zwiebelwürfel in dem Speckfett glasig dünsten.

Die Klöße mit einer Schaumkelle aus dem Wasser nehmen und über einem Sieb abtropfen lassen. Auf 2 Tellern anrichten, Speck und Zwiebel darübergeben und zusammen mit dem Apfelmus servieren.

600 g Kartoffeln, mehligkochend
1 Ei, Größe M
50 g Mehl
1 Prise Salz & Muskatnuss
1 große Zwiebel
100 g Speckstreifen
200 g Apfelmus

HERING MIT BRATKARTOFFELN

Für 2 Personen, Zubereitungszeit: 45 Minuten

Die Kartoffeln waschen und mit Schale in gesalzenem Wasser mit einer Prise Kümmel etwa 20 Minuten kochen. Abgießen, abdampfen lassen und so heiß wie möglich pellen. Dann etwas abkühlen lassen.

Unterdessen für die Remoulade den Apfel schälen und das Kerngehäuse entfernen. Die Schalotte schälen und zusammen mit dem Apfel fein würfeln. Die Gewürzgurke in Würfel schneiden. Joghurt, Mayonnaise, Salz, Pfeffer und Worcestersoße in einer Schüssel verrühren. Apfel, Gurke und Zwiebel dazugeben. Die Soße abschmecken und ggf. nachwürzen.

400 g Kartoffeln, fest-
  kochend
Salz & Kümmel
1 kleiner Apfel
1 Schalotte
1 Gewürzgurke
100 g Joghurt, 3,5 % Fett
50 g Mayonnaise
Pfeffer
½ TL Worcestersoße
¼ Bund Schnittlauch
1 Frühlingszwiebel
½ rote Zwiebel
1 kleine weiße Zwiebel
100 g bunter Salat
2 Tomaten
1 kleine Möhre
1 Bio- Zitrone
1 EL Olivenöl
1 EL Sahne
2 EL Rapsöl
50 g Speckwürfel
4 Heringsfilets (Matjes-
  filets)

Den Schnittlauch waschen, trocken tupfen und fein schneiden. Die Frühlingszwiebel putzen, waschen und in Ringe schneiden. Die rote und die weiße Zwiebel schälen, halbieren und in feine Ringe schneiden.

Den Salat waschen und trocken schleudern. Die Tomaten waschen und in Spalten schneiden. Die Möhre putzen, schälen und raspeln. Salat, Tomaten, Paprika und Möhrenraspel mischen.

Die Zitrone waschen und trocken tupfen, halbieren, eine Hälfte auspressen, die andere Hälfte in Spalten schneiden. Den Zitronensaft mit etwas Salz, Pfeffer, dem Olivenöl und der Sahne zu einem Dressing verrühren.

Die Kartoffeln in Scheiben schneiden und in einer beschichteten Pfanne in dem heißen Rapsöl etwa 10 Minuten knusprig braten. Nach 5 Minuten die Speckwürfel und die Zwiebelringe der weißen Zwiebel dazugeben und mitbraten. Die Bratkartoffeln mit Salz und Pfeffer würzen, in 2 Schälchen füllen und mit den Frühlingszwiebelringen bestreuen.

Die Heringsfilets in Stücke schneiden, auf 2 Teller verteilen, die Zwiebelringe der roten Zwiebel sowie die Remoulade darübergeben und mit dem Schnittlauch bestreuen.

Den Salat daneben anrichten, das Dressing darübergeben und die Zitronenspalten zum Beträufeln anlegen. Die Schälchen mit den Bratkartoffeln dazustellen und servieren.

SELLINER LAMMKRONE

Für 2 Personen, Zubereitungszeit: 50 Minuten

Den Backofen auf 200 °C Ober-/Unterhitze vorheizen.

Die Lammkrone waschen, trocken tupfen und mit Salz und Pfeffer würzen.
Mit 1 EL Olivenöl bepinseln und in eine Auflaufform legen.

Die Paprikaschoten putzen, waschen und in Stücke schneiden. Den Rosen-
kohl waschen, putzen und trocken schütteln. Die Zwiebeln schälen und
in Spalten schneiden. Den Knoblauch schälen und in dünne Scheiben
schneiden. Das vorbereite Gemüse sowie die Grillpaprika und Kapernäpfel
mit dem restlichen Öl in einer Schüssel mischen. Mit Salz, Pfeffer und Kreuzkümmel würzen.

Den Rosmarin waschen und trocken tupfen. Das Gemüse und den
Rosmarin um die Lammkrone verteilen. Im Ofen auf der mittleren Schiene
20 – 25 Minuten braten.

Die Lammkrone aus dem Ofen nehmen und in einzelne Koteletts teilen. Mit
dem Gemüse servieren.

400 g Lammkrone
Salz & Pfeffer
2 EL Olivenöl
je ½ rote und gelbe
  Paprikaschote
100 g Rosenkohlröschen
2 rote Zwiebeln
2 Knoblauchzehen
100 g Grillpaprika, aus
  dem Glas
50 g Kapernäpfel
½ TL Kreuzkümmel,
  gemahlen
2 Zweige Rosmarin

BALTIC GOSE-RISOTTO MIT ZANDER

Für 4 Personen, Zubereitungszeit: 40 Minuten

Die Gemüsebrühe aufkochen und auf der ausgeschalteten Herdplatte warm halten.

Die Zwiebel und den Knoblauch fein würfeln. Die Butter in einem Topf erhitzen und die Zwiebel und Knoblauchwürfel darin 2 Minuten dünsten. Dann den Reis zugeben und unter Rühren 1 Minute mitdünsten.

Mit Baltic Gose ablöschen und stark einkochen lassen.

Anschließend ⅓ der Gemüsebrühe zugießen und bei mittlerer Hitze unter Rühren einkochen lassen, bis der Reis die Flüssigkeit aufgenommen hat. Diesen Vorgang mit der restlichen Brühe zweimal wiederholen, sodass der Risotto insgesamt 20 Minuten kocht und die Reiskörner noch leichten Biss haben.

Unterdessen die Zanderfilets mit Salz und Pfeffer würzen und mit etwas Mehl bestäuben. Das Olivenöl in einer Pfanne erhitzen und darin die Zander-filets von beiden Seiten anbraten.

2 EL geriebenen Manchego unter das Risotto mischen und dieses mit Salz, Pfeffer, Zitronenschale und -saft würzen. Falls das Risotto zu fest ist, eventuell noch etwas Brühe unterrühren.

Die Zanderfilets mit dem Risotto auf Tellern anrichten und mit dem rest-lichen Manchego und Basilikum bestreut servieren.

TIPP

Dieses Rezept wurde exklusiv von der Insel-Brauerei für dieses Buch entwickelt!

Nutzen Sie doch bei Ihrem Rügen-Besuch die Gelegenheit, die Brauerei zu besichti-gen und die köstlichen Biere vor Ort zu pro-bieren – mehr dazu auf S. 63 .

1 l Gemüsebrühe
1 Zwiebel
1 Knoblauchzehe
2 EL Butter
300 g Risotto-Reis
100 ml Baltic Gose
Salz & Pfeffer
4 Zanderfilets
etwas Mehl
2 EL Olivenöl
8 EL Manchego, gerieben
1 TL Bio-Zitronenschale,
   fein abgerieben
2 EL Zitronensaft
4 EL Basilikumblättchen

POMMERSCHE SCHMANDKLOPSE

Für 2 Personen, Zubereitungszeit: 70 Minuten

Die Rote Bete mit Handschuhen unter fließendem kaltem Wasser säubern. Dann in einen Topf geben, mit Wasser auffüllen und ca. 30 Minuten gar kochen. Kurz vor Ende der Garzeit etwas Salz ins Wasser geben.

Unterdessen das Brötchen zerkleinern. In eine Schale geben und kurz in Wasser einweichen.

Die Zwiebel schälen und in feine Würfel schneiden. Die Sardellenfilets fein hacken.

Das Hackfleisch in eine große Schüssel geben und mit Salz und etwas Pfeffer würzen. Die Zwiebelwürfel und Sardellenfilets untermischen.

Überschüssiges Wasser aus dem Brötchen herausdrücken und das Brötchen zur Hackfleischmischung geben. Das Ei und die Hälfte der Kapern sowie den Senf hinzufügen. Alles mit den Händen vermischen und zu einer homogenen Masse verkneten. Die Hände anfeuchten und aus der Masse kleine Bällchen formen.

Den Rinderfond in einen großen Topf geben, die Lorbeerblätter hinzufügen und den Fond kurz aufkochen lassen. Dann die Temperatur reduzieren, bis der Fond nicht mehr sprudelnd kocht. Die Klopse hineingeben und bei geschlossenem Deckel 20 Minuten ziehen lassen. Dann herausnehmen und beiseitestellen.

Die Kartoffeln schälen, waschen und in kochendem Salzwasser ca. 20 Minuten kochen lassen. Dann abgießen.

4 kleine Knollen Rote Bete
Salz
½ Brötchen
1 kleine Zwiebel
2 Sardellenfilets
350 g Hackfleisch, halb
   Rind, halb Schwein
Pfeffer
1 Ei, Größe M
2 EL Kapern
1 TL Senf
800 ml Rinderfond
2 Lorbeerblätter
250 g Kartoffeln, fest-
   kochend
1 EL Butter
1 EL Mehl
100 g Schmand
etwas Zitronensaft
Zucker
Muskatnuss, frisch
   gerieben
2 Stiele Petersilie

Die gekochte Rote Bete aus dem Wasser nehmen, etwas abkühlen lassen und dann pellen, dabei am besten Handschuhe tragen.

Die Butter in einem Topf erhitzen und das Mehl darin anschwitzen. Nach und nach 400 ml des Fonds von den Klößen angießen und unter ständigem Rühren aufkochen. Die restlichen Kapern und den Schmand hinzugeben und die Hitze reduzieren, sodass die Soße nicht mehr kocht. Einige Spritzer Zitronensaft hinzufügen und mit etwas Zucker sowie Salz und Pfeffer und etwas Muskatnuss würzen. Die Klopse hineinlegen und bei ausgeschalteter Herdplatte kurz ziehen lassen.

Die Petersilie waschen, trocken schütteln und die Blättchen von den Stielen zupfen.

Die Pommerschen Schmandklopse mit der Soße auf 2 Tellern anrichten, Kartoffeln und Rote Bete danebenlegen, mit der Petersilie bestreuen und servieren.

SCHOLLENRÖLLCHEN

Für 2 Personen, Zubereitungszeit: 30 Minuten

Die Schollenfilets waschen, trocken tupfen und nebeneinander auf die Arbeitsfläche legen. Mit Salz und Pfeffer würzen.

Den Spinat verlesen, waschen und abtropfen lassen. Die Tomaten waschen und halbieren. Den Rucola verlesen, waschen und trocken schleudern.

Den Spinat grob hacken und in eine Schüssel geben. Frischkäse, Semmelbrösel, 1 EL Sesam, Pinienkerne und Parmesan dazugeben und alles mit dem Stabmixer grob pürieren. Mit Salz, Pfeffer und Muskatnuss abschmecken.

Die Spinatmasse auf die Schollenfilets verteilen, dabei einen schmalen Rand freilassen, und die Schollenfilets aufrollen.

Das Öl in einer beschichteten Pfanne erhitzen. Die Schollenröllchen und Tomaten hineinlegen und kurz andünsten. 100 ml Wasser und den Wein angießen und zugedeckt etwa 5 Minuten gar ziehen lassen.

Die Fischröllchen mit den Tomaten und dem Sud anrichten. Den Rucola dazugeben, mit dem restlichen Sesam bestreuen und servieren.

6 Schollenfilets, ohne Haut
Salz & Pfeffer
100 g Blattspinat
100 g Kirschtomaten
½ Bund Rucola
50 g Frischkäse, 16 % Fett i. Tr.
2 EL Semmelbrösel
1 ½ EL Sesamsamen
1 TL Pinienkerne
1 TL Parmesan, gerieben
Muskatnuss, frisch gerieben
2 EL Olivenöl
100 ml Weißwein, trocken

EINKAUFSTIPP

Haben Sie auf Rügen in der Weinwirtschaft Sellin einen köstlichen Wein probiert? Dann können Sie diesen dort auch erwerben, sodass Sie den Wein zu Hause genießen und natürlich auch als Zutat für ein leckeres Gericht verwenden können.

Für Ihren Besuch in der Weinwirtschaft finden Sie auf S. 158 einen Rabattgutschein.

REHRÜCKEN MIT PILZEN UND WIRSINGPÜREE

Für 2 Personen, Zubereitungszeit: 40 Minuten

Den Backofen auf 200 °C Ober-/Unterhitze vorheizen.

Den Rehrücken waschen, trocken tupfen und eventuell vorhandene Sehnen entfernen. Die Pimentkörner zerdrücken. Den Rehrücken mit Salz, Pfeffer und Piment würzen. In eine ofenfeste Pfanne legen und mit dem Frühstücksspeck belegen. Den Rehrücken im Ofen auf der mittleren Schiene 20–25 Minuten braten. Nach 10 Minuten den Fond angießen und 5 Minuten vor Ende der Garzeit den Frühstücksspeck entfernen.

Unterdessen den Wirsing putzen, waschen und in dünne Streifen schneiden. Die Zwiebel schälen, fein würfeln und in 1 EL heißem Öl andünsten. Den Wirsing dazugeben und andünsten. Mit Salz und Pfeffer würzen. Die Gemüsebrühe angießen und zugedeckt etwa 10 Minuten schmoren lassen.

Die Austernpilze putzen und eventuell etwas kleiner schneiden. Die Pilze im restlichen Öl in einer beschichteten Pfanne etwa 5 Minuten braten. Mit Salz und Pfeffer würzen.

Die Kresse waschen, trocken tupfen und vom Beet abschneiden. Das Basilikum waschen, trocken schütteln und die Blättchen von den Stielen zupfen. Den Rehrücken aus dem Ofen nehmen, in Alufolie wickeln und ruhen lassen.

Den Wirsing leicht zerstampfen. Die Crème fraîche unterrühren. Mit Salz, Pfeffer und Muskatnuss abschmecken.

Den Rehrücken in Scheiben schneiden und mit dem Bratenfond beträufeln. Mit dem Wirsingpüree und den Pilzen anrichten. Die Kresse und das Basilikum darüberstreuen und servieren.

400 g Rehrücken, ausgelöst
1 TL Pimentkörner
Salz & Pfeffer
2 Scheiben Frühstücksspeck
150 ml Wildfond
400 g Wirsing
1 Zwiebel
2 EL Rapsöl
50 ml Gemüsebrühe
100 g Austernpilze
½ Beet Kresse
2 Stiele rotes Basilikum
50 g Crème fraîche
Muskatnuss, frisch gerieben

GERÖSTETE HONIG-
MAKRELE

Für 2 Personen, Zubereitungszeit: 40 Minuten

Den Backofen auf 200 °C Ober-/Unterhitze vorheizen.

Die Makrelenfilets waschen, trocken tupfen und die Haut mit einem
scharfen Messer diagonal einritzen. Den Pfeffer grob mörsern und die
Makrelenfilets mit diesem Pfeffer und Salz kräftig würzen.

Die Zitrone heiß abwaschen, trocken reiben und die Schale dünn abreiben.
Dann halbieren und den Saft auspressen. Die Zwiebel und den Knoblauch
schälen und fein würfeln. Die Chilischote putzen, waschen und fein hacken.
Den Salbei waschen, trocken schütteln und die Blätter vom Stiel zupfen. Den
Rosmarin waschen und trocken schütteln.

Den Wein mit dem Zitronensaft und -abrieb sowie 3 EL Olivenöl verrühren.
Zwiebel- und Knoblauchwürfel, Chili, Salbei, Rosmarin, Thymian, Wacholderbeeren und Lorbeerblätter dazugeben. Die Gewürzmischung in eine Auflaufform geben.

4 Makrelenfilets, mit Haut
bunter Pfeffer
Salz
1 Bio-Zitrone
1 rote Zwiebel
2 Knoblauchzehen
1 Chilischote
1 Stiel Salbei
2 Zweige Rosmarin
125 ml Weißwein, trocken
5 EL Olivenöl
Thymian, getrocknet
4 Wacholderbeeren
2 Lorbeerblätter
2 TL Honig
20 g Sesamsamen

Die Makrelenfilets mit der Haut nach unten in einer beschichteten Pfanne in
dem restlichen heißem Öl 3 Minuten kräftig anbraten.

Dann die Makrelenfilets mit der Haut nach oben in die Auflaufform legen,
mit dem Honig beträufeln und mit dem Sesam bestreuen. Im Ofen auf der
mittleren Schiene etwa 15 Minuten braten.

STRALSUNDER STEAK MIT APFELSOßE UND KARTOFFELPÜREE

Für 2 Personen, Zubereitungszeit: 40 Minuten

Für das Püree die Kartoffeln schälen, waschen, in Stücke schneiden und in Salzwasser etwa 20 Minuten kochen.

Die Minutensteaks waschen, trocken tupfen und mit Salz und Pfeffer würzen. Die Äpfel waschen, vierteln, entkernen und in dünne Spalten schneiden. Die Zwiebel schälen und würfeln.

Das Öl in einer beschichteten Pfanne erhitzen und das Fleisch darin 3 Minuten braten. Herausnehmen und in Alufolie wickeln. Die Zwiebelwürfel in dem Bratfett andünsten. Die Apfelspalten dazugeben und etwa 3 Minuten dünsten. Mit der Gemüsebrühe und dem Apfelsaft ablöschen. Den Schmand einrühren und die Soße mit Salz und Pfeffer abschmecken. Die Steaks hineinlegen und kurz erwärmen.

Die Kartoffeln abgießen und zerstampfen. Die heiße Milch und die Butter untermischen. Mit Salz und Muskatnuss abschmecken.

Die Petersilie waschen, trocken tupfen, die Blättchen vom Stiel zupfen und grob hacken.

Die Steaks mit der Soße auf 2 Tellern anrichten, das Kartoffelpüree daneben geben, mit der Petersilie bestreuen und servieren.

Für das Püree
400 g Kartoffeln, mehlig-
    kochend, z. B. die guten
    Rügener Kartoffeln
Salz
200 ml Milch, heiß
10 g Butter
Muskatnuss, frisch
    gerieben

Für die Steaks
6 Minutensteaks vom
    Schwein, à ca. 50 g
Salz & Pfeffer
2 Äpfel, z. B. Boskop
1 Zwiebel
1 EL Rapsöl
50 ml Gemüsebrühe
50 ml Apfelsaft
50 ml Schmand
2 Stiele Petersilie

MATJES 'N' CHIPS

Für 2 Personen, Zubereitungszeit: 30 Minuten

Den Backofen auf 225 °C Ober-/Unterhitze vorheizen und ein Backblech mit Backpapier auslegen.

Für die Chips die Kartoffeln waschen, trocken reiben und in grobe Scheiben schneiden. In eine Schüssel geben und mit dem Öl und Salz mischen. Dann die Kartoffeln auf das vorbereitete Backblech legen und circa 15 Minuten backen.

Für die Remoulade die Zwiebel schälen, vierteln und in feine Streifen schneiden. Den Apfel schälen, vierteln, entkernen, in Stückchen schneiden und mit dem Zitronensaft mischen. Den Schmand mit saurer Sahne, Schlagsahne und Weißweinessig verrühren. Mit Salz, Pfeffer und Zucker würzen, dann Zwiebel und Apfel untermischen, in 2 Schälchen füllen und mit roten Pfefferkörnern bestreuen.

Die Petersilie waschen, trocken schütteln und grob zupfen. Die Kirschtomaten waschen, trocken tupfen und halbieren. Die rote Zwiebel schälen und in Ringe schneiden. Den Lollo Bianco waschen und trocken schütteln.

Zum Servieren die Matjesfilets einrollen, auf 2 Tellern anrichten und mit den Kirschtomaten und der Petersilie dekorieren. Den Salat und die roten Zwiebelringe daneben anrichten. Auf jeden Teller 1 Schälchen mit Remoulade stellen.

Die Kartoffelchips aus dem Ofen nehmen, auf den Tellern verteilen und servieren.

Für die Chips
600 g Kartoffeln
2 EL Rapsöl
1 Prise Salz

Für die Remoulade
1 Zwiebel
1 Apfel
1 EL Zitronensaft
100 g Schmand
100 g saure Sahne
3 EL Schlagsahne
1 EL Weißweinessig
Salz & Pfeffer
1 TL Zucker
rote Pfefferkörner

Außerdem
2 Stiele Blattpetersilie
3 Kirschtomaten
1 rote Zwiebel
4 große Blätter Lollo Bianco
6 feine nordische Matjesfilets

TIPP

Dieses Rezept wurde exklusiv vom Strandhus Mönchgut für dieses Buch zur Verfügung gestellt!

Nutzen Sie doch bei Ihrem Rügen-Besuch die Gelegenheit, das Strandhus zu besuchen und die köstlichen Matjes 'n' Chips oder eines der anderen leckeren Gerichte zu probieren.

Mehr dazu unter datstrandhus.de und auf S. 60.

SANDDORN-PARFAIT

Für 2 Personen, Zubereitungszeit: 40 Minuten + Gefrierzeit

Die Sahne steif schlagen und kalt stellen.

Eigelb, Eier und Zucker in eine Metallschüssel geben und über einem heißen Wasserbad schaumig schlagen, bis die Masse etwa 40 °C erreicht hat.

Anschließend die Masse auf Eiswasser kalt schlagen, bis Zimmertemperatur erreicht ist. Danach den Sanddornsaft unterziehen und die geschlagene Sahne unterheben.

Eine kleine Kastenform mit Klarsichtfolie auslegen und die Parfaitmasse gleichmäßig hineingeben. Mit Folie abdecken und etwa 6 Stunden tief-gefrieren.

Die Grapefruit so dick schälen, dass die weiße Haut vollständig entfernt wird. Dann die Frucht erst quer in Scheiben und dann in Stücke schneiden. Den Sanddornsaft aufkochen, die Speisestärke mit etwas Wasser anrühren und in den Saft rühren. Einmal kurz aufkochen lassen, bis der Saft etwas ein-gedickt ist, dann vom Herd nehmen.

Das Parfait aus der Form stürzen und in Scheiben schneiden. Mit dem angedickten Sanddornsaft, der Grapefruit und Kapstachelbeeren anrichten. Mit dem Puderzucker bestäuben und servieren.

Für das Parfait
300 g Schlagsahne
2 Eigelb, Größe M
3 Eier, Größe M
100 g Zucker
100 ml Sanddornsaft

Außerdem
1 Pink Grapefruit
100 ml Sanddornsaft
½ TL Speisestärke
12 Kapstachelbeeren
1 EL Puderzucker

OSTSEESCHNITTE

Für 1 Springform Ø 18 cm, ergibt 6 Stücke,

Zubereitungszeit: 90 Minuten, ohne Kühlzeit

Den Backofen auf 200 °C Ober-/Unterhitze vorheizen. Den Boden einer Springform (Ø 18 cm) mit Backpapier auslegen.

Für den Teig Zucker, Mehl, Backpulver und Salz gut vermischen. Butter, Kakaopulver und 100 ml Wasser unter Rühren aufkochen. Ei, Frischkäse und Crème fraîche unter die warme Kakaomasse rühren. Diese Masse unter das Mehlgemisch rühren.

Für den Teig

150 g Zucker
130 g Mehl
½ TL Backpulver
1 Prise Salz
100 g Butter
2 EL Kakaopulver
1 Ei, Größe L
50 g Frischkäse,
    16 % Fett i. Tr.
50 g Crème fraîche

Den Teig in die Springform füllen, glattstreichen und im Ofen auf der mittleren Schiene 25–30 Minuten backen. Danach den Kuchen auf einem Kuchengitter in der Form abkühlen lassen.

Für die Füllung

200 g Zartbitter-
    Kuvertüre
2 Eier, Größe L
250 g Schlagsahne
2 EL Sanddornmarmelade

Für die Füllung die Kuvertüre grob hacken und im warmen Wasserbad schmelzen lassen. Dann aus dem Wasserbad nehmen. Die Eier und 2 EL Wasser in einer Schüssel gut verquirlen, dann in einem heißen Wasserbad etwa 30 Sekunden mit einem Schneebesen schaumig schlagen. Die flüssige Kuvertüre unterrühren. Die Masse auf Zimmertemperatur abkühlen lassen, dabei zwischendurch umrühren. Die Sahne steif schlagen und unterheben.

Außerdem

100 g Zartbitter-
    Kuvertüre
1 EL Nuss-Nougat-Creme
1 TL Rapsöl
50 g Schokoraspel

Den Kuchen aus der Springform lösen und zweimal waagerecht durchschneiden, sodass 3 Böden entstehen. Den unteren Boden wieder in die Springform legen. Den Boden mit 1 EL Sanddornmarmelade bestreichen. Etwa die Hälfte der Schokofüllung dünn und gleichmäßig darauf verteilen und etwa 15 Minuten kalt stellen.

Den mittleren Boden darauflegen und leicht andrücken. Die restliche Schokofüllung darauf verteilen und erneut kalt stellen. Dann den oberen Boden aufsetzen und die Torte über Nacht in den Kühlschrank stellen.

Am nächsten Tag den oberen Boden mit der restlichen Sanddornmarmelade bestreichen und die Torte aus der Springform lösen.

Die Kuvertüre für die Glasur im warmen Wasserbad schmelzen, dann Nuss-Nougat-Creme und Rapsöl unterrühren. Dann die gesamte Torte mit der Kuvertüre überziehen und fest werden lassen. Kurz bevor die Kuvertüre vollständig fest ist, die Schokoraspeln darauf streuen. Die Torte bis zum Servieren kalt stellen

ZITRONEN-KISSEN

Für etwa 30 Stück, Zubereitungszeit: 25 Minuten

Den Backofen auf 180 °C Ober-/Unterhitze vorheizen und ein Backblech mit Backpapier belegen.

Das Eiweiß steif schlagen.

Mandeln, Haselnüsse, Zucker, Backpulver und Kurkuma in einer Schüssel mischen.

Eischnee, Mandelextrakt und Zitronensaft dazugeben und kurz verrühren.

Aus dem Teig etwa 30 kleine Kugeln formen, in Puderzucker wälzen und auf das Backblech legen, dabei etwas flachdrücken. Zwischen den Kugeln sollte etwas Abstand sein.

Im heißen Ofen auf der mittleren Schiene 12–15 Minuten goldgelb backen. Dann auf einem Kuchengitter abkühlen lassen.

2 Eiweiß, Größe M
150 g Mandeln, gemahlen
70 g Haselnüsse,
    gemahlen
200 g Zucker
1 TL Backpulver
¼ TL Kurkuma, gemahlen
¼ TL Mandelextrakt
1 EL Zitronensaft
Puderzucker

MASCARPONECREME MIT ERDBEEREN

Für 2 Personen, Zubereitungszeit: 10 Minuten

Die Erdbeeren waschen, putzen und je nach Größe halbieren oder vierteln. Die Löffelbiskuits in Stücke teilen.

Mascarpone, Joghurt, Zucker, Mandellikör und Orangenlikör gut miteinander verrühren.

Die Mascarponecreme, Erdbeeren und Löffelbiskuits in 2 Gläser schichten. Mit Minzeblättchen und Kakaopulver anrichten.

200 g Erdbeeren
10 Löffelbiskuits
100 g Mascarpone
50 g Joghurt, 3,5 % Fett
1 TL Zucker
1 TL Mandellikör
1 TL Orangenlikör
einige Minzeblättchen
1 TL Kakaopulver

TIPP

Wenn Sie zur Erdbeersaison auf Rügen sind, probieren Sie unbedingt die köstlichen Rügener Erdbeeren. Und nehmen Sie am besten die Gelegenheit wahr, an Ihrem Abreisetag auf einem der Höfe Erdbeeren zu pflücken, damit Sie diese noch einmal zu Hause genießen können.

ROTE GRÜTZE MIT VANILLESOßE

Für 2 Personen, Zubereitungszeit: 30 Minuten

Die Früchte waschen, putzen und auf einem Küchentuch abtropfen lassen. Die Kirschen entsteinen, die Beeren ggf. von den Rispen zupfen oder kleine Stiele entfernen. Die Vanilleschote längs aufschneiden und das Vanillemark herauskratzen.

Den Saft mit dem Vanillemark und der ausgeratzten Vanilleschote in einen Topf geben und aufkochen lassen. Die Speisestärke mit etwas kaltem Wasser anrühren und in den kochenden Saft gießen. Kurz aufkochen lassen, bis der Saft angedickt ist, dann die Vanilleschote entfernen.

Nun die Früchte hinzufügen und heiß werden lassen, dabei maximal 1–2 Minuten mitkochen lassen, damit sie nicht zerfallen. Anschließend die Grütze nach Belieben mit Zucker süßen. Die Rote Grütze auf Schälchen aufteilen und erkalten lassen.

Für die Rote Grütze
300 g gemischte Beeren
100 g Sauerkirschen
½ Vanilleschote
300 ml Kirsch- oder
   schwarzer Johannis-
   beersaft
1–2 EL Speisestärke
2 EL Zucker

Für die Vanillesoße die Vanilleschote längs aufschneiden und das Vanillemark herauskratzen. Die Milch mit dem Vanillemark und der ausgekratzten Vanilleschote sowie dem Zucker in einen Topf geben und leicht erhitzen, dann gut 15 Minuten ziehen lassen.

Das Ei mit dem Handrührgerät kurz aufschlagen. Sahne und Speisestärke zugeben und nochmals kurz durchschlagen.

Für die Vanillesoße
½ Vanilleschote
100 ml Milch
60 g Zucker
1 Ei, Größe M
100 ml Sahne
½ TL Speisestärke

Die Vanilleschote aus der Vanillemilch entfernen, die Vanillemilch aufkochen lassen und die Sahne-Eier-Mischung mit dem Schneebesen einrühren und noch einmal kurz aufkochen lassen.

Die Vanillesoße zur Roten Grütze reichen und servieren.

Liebe Leserinnen und Leser,

wir wünschen Ihnen viel Freude mit den Gutscheinen unserer Partner. Vergessen Sie nicht, diese während Ihres Rügen-Besuchs bzw. bei Ihrem Online-Einkauf einzulösen – es lohnt sich.

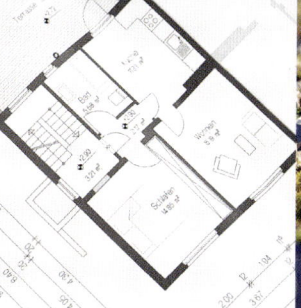

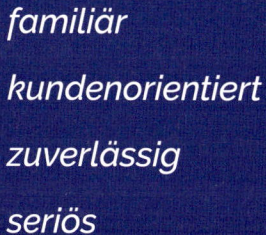

IMPRESSUM

Rechtlicher Hinweis: Alle Informationen und Hinweise, die in diesem Buch enthalten sind, wurden von den Autoren nach bestem Wissen erarbeitet und mit größtmöglicher Sorgfalt überprüft. Für etwaige fehlerhafte Angaben können die Autoren und der Herausgeber/Verlag keinerlei Verpflichtung und Haftung übernehmen.

Alle enthaltenen Rezepte wurden nach bestem Wissen und Gewissen verfasst. Weder die Autoren noch der Herausgeber/Verlag tragen Verantwortung für ungewollte, unter Umständen allergische Reaktionen des Körpers auf Zutaten oder auch Beeinträchtigungen, die aus der Verarbeitung der Zutaten entstehen können.

© 2024 mindfulbooks
mindfulbooks ist ein Verlag der Schmieder-Media GmbH, Lünen, Deutschland.

Mit freundlicher Unterstützung von Paradies Rügen Urlaubs- GmbH & Co. KG. Alle Rechte vorbehalten.

Nachdruck, auch auszugsweise, sowie Verbreitung durch Film, Funk und Fernsehen, durch fotomechanische Wiedergabe, Tonträger und Datenverarbeitungssysteme jeglicher Art nur mit schriftlicher Genehmigung des Verlages.

Konzept:	Sabine Schmieder, Wolfgang Link
Redaktion:	Schmieder-Media GmbH
Korrektorat:	Gina Janosch
Gestaltung und Satz:	A flock of sheep, Marcus Taeschner
Fotografie:	shutterstock.com
Coverfoto:	shutterstock.com
Autorenfoto S. Fischer:	[1]alles Werbeagentur
Autorenfoto W. Link:	Bartosz Ludwinski
Druck und Bindung:	COULEURS Print & More GmbH

ISBN 978-3-9822208-7-1

1. Auflage

WWW.SCHMIEDER.MEDIA